신중년이 온다

신중년이 온다

100만 세대를 위한 인생 2모작 가이드

조창완 지음

창해

승려 시인이자 독립운동가인 만해 한용운은 우리나라 인구가 1억
명쯤은 돼야 한다고 주장한 바 있다. 그러나 오늘의 현실은 인구
절벽 시대를 살고 있다. 하지만 불과 50여 년 전만 해도 한 해에
100만 명이 태어났다. 이 책의 저자는 그 꿈같은 시대에 태어났
다. 1969년생인 저자는 자신을 일인칭 화자로 등장시켜 동시대를
그려내고 있다. 이 책은 자서전이 아니면서도 개인적 경험, 동시
대의 시대 상황을 타자화시켜 이야기를 전개하는 독특한 서술방
식을 취하고 있어 매우 흥미롭다.

이 책의 부제 '100만 세대를 위한 인생 2모작 가이드'는 1968~
1976년 사이에 태어난 제2차 베이비부머들을 지칭하는데, 위로
는 70대 부모를 모시고 아래로는 20대 자식을 키우고 있는 우리
사회의 중견 세대다. 당분간 한국 사회는 이들이 주도할 것이다.

기자, 사업가, 공직생활 등 다양한 분야에서 활동했고 현재도
손에 꼽히는 '중국통'으로 활약 중인 저자는 제2차 베이비부머들
의 과거, 현재, 미래를 통해 이들의 현주소와 나아갈 바를 짚어

보고 있다. 전문적인 연구서가 아니면서도 미시사(微視史)를 통한 세대 연구의 값진 성과로 평가할 만하다. 중장년 세대의 자기 계발서로서는 물론 스토리텔링식의 이야기 전개는 글쓰기 참고서로서도 손색이 없다. 감히 일독을 권해드린다.

― 정운현(전 국무총리 비서실장, 〈오마이뉴스〉 전 편집국장)

＊

조창완 작가는 우리 중국자본시장연구회에서 드물게 인문학적 자원을 가진 사람으로 회원들에게 오랜 기간 이 부분을 수혈해 줬다. 또 다양한 기획 능력을 보유해 사업을 발굴하는 역할도 맡고 있다. 자신이 속한 '100만 세대'에 대한 인사이트(Insight) 있는 이야기는 그래서 귀 기울일 필요가 있다. 이 책을 통해 '100만 세대'가 더욱 건강해지는 영양제 역할을 하리라 믿는다.

― 정유신(중국자본시장연구회 회장, 코차이중국경제연구소장, 서강대학교 기술경영대학원장, 《중국이 이긴다》, 《핀테크, 기회를 잡아라》 등 저자)

＊

요즘처럼 세대 논쟁이 뜨거웠던 시기도 없었을 것이다. 86세대, 밀레니얼 세대, 꼰대, 촛불 세대 등등. 저자는 2차 베이비부머 세대를 '100만 세대'라고 정의했다. 즉 1968년에서 1976년 세대를 말한다. 이 세대가 살아온 역사, 정체성을 비롯하여 앞으로 살아가야 할 미래를 말했다. 그들의 먹거리, 재테크, 소비생활 그리고 그들이 살아가야 할 인생 통찰력을 제시했다.

내가 아는 조 작가는 모든 경계를 무너뜨린 '딜리터(Deleter)'이다. 기자로서, 공무원으로서, 기업 임원으로서, 작가로서 삶의 보폭을 가늠하기 어려울 정도다. 그는 늘 새로운 인생을 두려움 없이 도전한다. 100만 세대의 삶의 자세가 바로 그의 인생 역정에 그대로 묻어나 있다. 이 책은 바로 그의 새로운 출발을 알리는 인생 계획서나 다름없다. 읽고 함께 동참하면 100만 세대의 두려움도 사라질 것이다. 이 책을 강력히 추천한다.

— 김유열 (한국교육방송공사 부사장, 《딜리트》 저자)

신중년이 온다

특정한 지역 또는 시점의 인구를 가로축에 남녀별로, 세로축에 나이별로 나누어 비교한 도표를 '인구 피라미드(Population Pyramid)'라고 부른다. 우리는 인구 피라미드를 통해서 인구 경향의 과거와 현재를 알 수 있고, 미래를 예측할 수 있다.

과연 한국의 인구 피라미드에서 가장 경이적인 일은 무엇일까? 한 해에 100만 명 인구가 태어난 시기라고 말하면 크게 공감할 것이다. 한 해 태어나는 생명이 30만 명을 넘기지 못하는 현재 시기에 100만 명이라는 숫자는 말 그대로 경이라 할 만하다. 그 사이 전쟁이 일어난 것도 아니고, 큰 자연 재앙이 있었던 것도 아닌데 우리나라에서 한 해 태어나는 인구는 급속히 떨어졌다. 물론 인구가 줄어드는 문제를 해결할 가능성이 아예 없는 것은 아니다. 하지만 우리나라의 실정에 한 해 100만 명이 태어나는 시기가 다시 찾아오리라고 생각하는 사람은 아마도 없을 것이다.

그렇다면 우리나라에서 한 해 100만 명이 태어난 시기는 언제

일까?

첫 번째 시기는 1959년 전후에 태어난 '베이비붐 세대(Baby Boom Generation)'로 1955년에서 1963년 사이에 태어난 약 900만 명이 해당된다. 최근 본격적으로 은퇴할 시기를 맞고 있는 이들은 어느 정도 안정적인 지위를 갖고 살았다. 그런데 문제는 그다음 세대다. '2차 베이비붐 세대(1968~76년생)'가 탄생한 것이다. 특히 1968년부터 1971년까지 4년의 기간 동안 한 해 출생아 수가 100만 명이 넘었다(1968년생: 104만 명, 1969년생: 100만 5천 명, 1970년생: 100만 명, 1971년생: 102만 명). 1968년부터 1976년까지 태어난 숫자를 합치면 860만 명이 넘는다.

이 책에서 말하는 '100만 세대'는 바로 '2차 베이비붐 세대'를 뜻한다. 100만 세대도 앞선 베이비부머(Baby Boomer)와 비슷한 양상을 보였다. 우선 한 해 출생아 수가 많다는 것은 지독한 경쟁을 말한다. 100만 세대는 유치원부터 시작해 고등학교에 이르기까지 조밀한 공간에서 생활해야 했으며, 대학 입시는 물론 취업 경쟁도 치열했다. 필자의 대학 시절에는 수도 없이 '100만 학도'라는 말을 들어 너무 익숙한 단어다.

그렇게 대학 생활을 끝낸 졸업자들이 본격적인 취업을 준비할 무렵인 1998년, IMF(International Monetary Fund, 국제통화기금) 외환위기라는 악몽이 찾아왔다. 변변한 직장 얻기는 쉽지 않았다. 앞선 베이비붐 세대처럼 경제 번영의 시간을 맛보지도 못했는데, 50살이 넘어가면서 퇴직의 위협에 시달리고 있다. 더욱이 앞으로 살아갈 날은 최소 30~40년은 남아 있다. 이들은 이제 인생의 후반기로 넘어갔다고 할 수 있는 오십을 넘기고 있다. 젊은 날에 안정적으로 직장생활을 한 이도 드물어 큰 자산이라고 할 수 있는 아파트조차 변변하게 가진 이가 많지 않다.

필자 역시 그 가운데인 1969년에 태어났다. 전라도의 한 시골 마을에서 태어나 자라다가 고등학교 때부터 외지에서 생활했고, 잠시 해외에서도 전전하다가 귀국해 살아왔다. 지극히 평범한 100만 세대의 한 명으로 시골과 도시, 국내와 해외를 두루 다니며 다양한 경험을 통해서 견문을 넓힐 수 있었다.

이 책을 쓰게 된 동기는 조남주 작가의 소설 《82년생 김지영》을 뒤늦게 읽은 후 여러 생각이 들어서다. 주인공 김지영의 삶을 통해 한국 사회의 여성들이 맞닥뜨린 차별과 불평등 문제를 고발한 내용을 읽으며 공감의 폭이 컸다.

　필자 또한 대학 졸업 논문으로 박완서부터 한강까지 22명의 여성 작가를 분석한 〈한국 페미니즘 문학 연구〉를 쓸 만큼 여성들의 삶을 가깝게 지켜봤다. 앞 세대 여성들은 '역사의 수레바퀴'에 깔린 이가 많았지만, 지금의 여성들은 직장이나 가족의 굴레에서 벗어나기 쉽지 않다는 것을 느꼈다.

　그런데 《82년생 김지영》을 원작으로 한 영화의 등장으로 이 소설이 다시 논란의 화두에 올랐다. 그리고 다시 남자와 여자라는 대결 구도로 '댓글 전쟁'을 한다. 논쟁을 하는 것은 나쁘지 않다. 문제는 상대에 대한 증오나 질투가 여과 없이 말과 글로 나오는 것이다.

　요즘 들어서 남녀 간 서로 비하하는 말들을 퍼붓는 경우가 많아졌다. 단지 남자라는 이유로 '한남충', '찌질남'이고, 또 여자이기 때문에 '김치녀', '맘충이'라는 말을 듣는다면 남녀 모두가 자존심이 상하고 충격일 것이다.

　중요한 사실은 남녀에 상관없이 우리는 모두 소중한 삶을 살아가는 존재라는 것이다. 어디에서 누구를 만나고, 어떤 말을 하든지 결국 그 말은 자기 자신에게, 또 내 가족에게 돌아온다는 가장 평범한 진리를 잊지 말아야 한다.

　필자는 《82년생 김지영》을 읽으며 내 아내, 직장 여성 동료 등

내 주변의 여성들을 다시 돌아봤다. 사실 소설 속 가해자로 나오는 직장 상사는 내 친구들이며, '김지영'은 내 여동생이거나 조카였다. 그러나 갈수록 심각해지는 성 대결을 비롯해 이념·세대 간 갈등으로 치닫는 시대에서 '100만 세대'는 더욱더 외로워졌다.

최근 '밀레니얼 세대(Millennial Generation, 1980년대 초부터 2000년대 초 사이에 태어난 젊은 연령층)'가 사회적 이슈로 떠오른 만큼 밀레니얼 세대를 겨냥한 책들이 많이 출간되었다. 그만큼 밀레니얼 세대가 점차 사회의 중심부로 진출하여 정치, 경제, 사회적 이슈들에 목소리를 높이고 있다.

그런데 이런 상황에서, 100만 세대는 소위 말하는 '패싱(Passing)'처럼 '그냥 건너뛰거나 지나치는' 느낌이 들기도 했다. 만약 이런 상황이 계속된다면 문제는 더 심각해진다.

필자가 공감하는 부분이 많은 것은 유독 다양한 모임에 참석하고 깨달은 부분이 있어서다. 전남의 농촌 마을에 있는 초등학교 모임, 중학교 모임, 그리고 안양에 있는 고등학교 동기 모임에도 잘 나간다. 나는 그들 속에서 아주 녹아있는 스타일도 아니지만, 그렇다고 먼 사람도 아니다.

문제는 이제 50살이 된 100만 세대가 앞으로 살아가야 할 기간이 적어도 30년이라는 것이다. 상당수의 100만 세대는 이미 풍찬노숙

(風餐露宿)에 들어간 사람도 많다. 더욱이 앞선 1차 베이비붐 세대처럼 제대로 된 자산을 갖춘 경우는 많지 않다. 설령 집이 있어도 서울 외곽이나 위성도시의 아파트여서 자산가치가 많지 않다.

그런데 더 큰 문제는 이런 100만 세대의 움직임에 따라 우리나라의 미래가 움직인다는 것이다. 위로는 70대가 넘은 부모 세대를 모시고, 아래로는 20대에 접어든 자식을 둔 100만 세대가 무너질 경우 이 나라의 미래는 혼돈의 연속일 것이다.

가뜩이나 고령층을 중심으로 한 '태극기 부대'나 특정 종교 중심의 집회로도 국가가 복잡한 상황인데, 만약 100만 세대마저 어떤 이해를 갖고 움직인다면 이 사회는 급격히 혼란해질 수밖에 없다. 더군다나 100만 세대층은 그 자체로 엄청난 유권자층을 갖고 있다. 1차 베이비부머와 더불어 이들의 이해가 한국 정치를 주도해간다고 해도 과언은 아니다.

그렇다면 앞으로 100만 세대는 어떻게 살아가야 할까? 이 책은 바로 그 방법을 찾기 위한 주체로서 100만 세대 당사자의 이야기다. 가장 중요한 것은 지금이라도 이 세대를 제대로 돌아보고, 미래를 개척해 가야 한다는 것이다.

100만 세대가 바로 서야 나라가 제대로 산다. 반드시 이러한 사실을 직시해야 한다. 그렇다고 1차 베이비붐 세대, 밀레니얼 세대 등 다른 연령 세대와 변별력을 가지고 따지자는 평면적 논쟁은 아니다. 즉 세대 간 허리에 해당하는 100만 세대가 자기 존재감과 철학을 갖고, 미래를 준비하며 생산력을 가지면 위아래 세대도 충분히 안정감을 가질 수 있다.

만약 상대적으로 안정적인 1차 베이비붐 세대가 2차 베이비붐 세대를 적대하면, 우리 사회는 끝없는 혼돈으로 갈 수밖에 없다. 이것은 아래 세대도 마찬가지다. 이제 50대에 접어든 100만 세대는 아래 세대를 위해서 좀 더 고생할 준비도 되어 있다. 그런데도 100만 세대가 사회에서 일하겠다고 노력하는 것을 백안시하면, 아래 세대도 그만큼 괴로울 것이다.

중요한 것은 각 세대가 당면한 문제를 두고 어떤 역할을 하느냐는 것이다. 이제 60대에 접어든 '1차 베이비부머'는 정치, 사회적 역할을 100만 세대에게 나눠줄 아량을 베풀어야 한다. 그리고 40대에 접어든 '100만 세대의 동생 세대'는 인구 절벽이라고 말할 만큼 위험해진 인구 피라미드를 감안해 앞 세대들이 좀 더 사회에서 안정적으로 정착하는 데 도움을 줄 필요가 있다.

인구 절벽의 문제는 이미 고령 사회의 문제가 심각해진 일본을 보면 알 수 있다. 일본은 2009년 야당인 민주당이 정권을 잡은 적이 있지만, 극우적 성격이 강한 자민당이 다시 집권해 철옹성을 구축하고 있다. 정치적으로도 유연성을 잃고, 사회 곳곳에서 위기가 가중되고 있다.

2020년 시작점에 세계를 강타한 '신종 코로나 바이러스' 사태를 대처하는 일본의 모습에서도 그런 문제는 드러나고 있다. 크루즈선에 대한 즉각적인 조치에 실패한 것은 물론이고, 하선 이후에도 제대로 된 격리조치를 시행하지 못해 지역으로 확산을 불러일으키기도 했다.

우리가 일본의 '잃어버린 30년'을 피하기 위해서는 100만 세대가 진보적 가치를 유지하면서 더 오랜 기간 현역에 있어야 향후 우리 사회에 발생할 수 있는 인구 문제 등 위기를 극복할 수 있다.

이 책은 어느 특정한 세대를 옹호해서 살아가자는 것이 아니다. '시대는 세대를 낳고, 세대는 시대를 만든다'라는 말처럼, 100만 세대는 인구절벽의 문제를 완충할 수 있는 사명과 책임을 동시에 갖고 있다. 중요한 것은 어떤 역사적 과제가 있으며 그 과제를 두고 '어떤 역할'을 해야 하느냐는 것이다.

필자가 오랜 세월 동안 다양한 직업을 경험하면서 깨달은 점은 우리 사회가 가장 결핍된 것이 '협업 문화'라는 것이다. 부서, 세대, 계층, 조직간 벽을 없애고 협력하면 더 발전할 수 있는 수많은 일을 상대를 백안시하면서 결과가 초라해지는 것을 필자는 수없이 봐왔다. 이 때문에 문제 해결의 방안으로 제시하는 것이 바로 '스무 살만 젊어지자'라는 것이다. 열 살도 젊어지기 어려운데, 스무 살은 쉽게 상상하기 힘들 것이다. 하지만 힘들어도 불가능한 것은 아니다. 최소한 이런 방향으로 노력하자는 것이 이 책을 쓴 취지다.

이 책에서는 그런 문제를 더 깊게 생각해 봤다. 부족한 사람이 책을 쓴 만큼 허점도 많을 것이다. 하지만 누군가 화두를 던지면 그걸 받아서 더 발전시키는 게 바람직하다고 생각한다. 필자 또한 대학 사회과학 동아리에서 토론의 가치를 배웠고, 이후 각종 스터디, PC통신, 인터넷 공간에서 자연스럽게 토론을 해왔다. 우리 사회는 아직 토론에 대해 여전히 각박하지만, 서서히 발전해 나가는 것도 있다. 이런 토론문화의 성숙이 있었기에 세계적으로도 유례가 없는 '촛불혁명'도 있었을 것이다. 부디 이 책이 세대 간 협업에 관해 생각해보는 진지한 토론의 기초가 되어 주기를 바란다.

또한, 이 책은 필자와 같은 해에 강원도 인제에서 태어나, 1999년 결혼한 나의 아내 하경미에게 송구한 책이기도 하다. 얼마 전 다시 전직 이야기가 나왔을 때 가진 충격을 생각한다. 2015년 11월, 필자가 홀연히 공직을 나왔을 때 아내가 이명증으로 고생하던 기억이 선연하다. 비단 이런 문제는 나만의 문제가 아닌 우리 100만 세대에게 닥친 일상의 일이 될 것이다.

100만 세대들도 이 책을 통해 지난 시기는 물론 현재의 자신을 돌아보고, 미래에 대해 같이 고심해 갔으면 한다. 기쁘면서 슬프게도 우리에는 아직 30년의 생이 남았다. 돌이켜 봤을 때 30년 전이면 대학생이든, 사회인이든 너무 먼 시간이다. 그런데 일자리에서 물러나기 시작한 지금 우리 앞에도 비슷한 시간이 남았다는 것이다. 그 삶을 더 진지하게 고민하지 않으면 살아갈 수 없다. 이 책을 통해 '미래 근육'을 같이 단련하는 연구를 시작했으면 한다.

2020년 초봄,
100만 세대 중 한 명인 조창완

차례

PART
03
100만 세대의 미래

PART
04
삶의 키워드

100만 세대의

과거

어떻게 100만 세대가 탄생했는가?

1968년, 전기도 들어오지 않을 만큼 오지인 전라남도 영광군 백수읍의 한 시골 마을에 네 명의 자식을 둔 부부가 살았다. 1937년생 소띠인 남편과 1940년생 용띠인 아내는 1958년에 결혼했다. 남편은 21살의 이 고장 떠꺼머리총각이었고, 아내는 18살의 꽃다운 나이에 이웃 지방인 고창군에서 시집을 왔다. 1960년, 첫 딸 미자가 태어났다. 그리고 얼마 후 남편은 군대에 갔다.

그런데 하필이면 전라도에서 가장 멀다는 강원도 인제였다. 당시 전라도에서는 '인제' 가면 언제 오나, '원통'에서 못 가겠네라는 말이 유행할 만큼, 전라도에서 강원도 인제군, 특히 원통면은 가장 먼 곳으로 악명이 높았다. 게다가 인제는 서울 가는 경비도 만들기 힘든 시기에, 서울에서 다시 하루를 더 가야만 도착할 수 있는 곳이다. 아내에게 면회는 언감생심(焉敢生心)이고, 남편은 군대에 있는 동안 딱 두 번 휴가를 나왔다.

갓 시집온 어린 며느리는 궁벽한 시골에서 시부모를 모시고 살았다. 창녕조씨 부제학공파 종손집이라고 하지만 조부 대에서 가진 재산을 모두 탕진해 제대로 농사지을 땅 하나 없었다. 하지만 영리하고 부지런한 새댁은 막 태어난 딸을 옆에 끼고 하루하루 노동일로 살았다.

서울에서는 4·19 혁명이 일어나 장면 내각이 들어서고, 5·16 쿠데타로 박정희 정권이 들어서도 알지도 못했다. 다만 다시 전쟁이 터져 끔찍한 기억이 다시 오지 않기를 바랐다. 더욱이 남편이 군대에 있으니 무사히 돌아와 품에 안을 날만 기다렸다.

남편이 휴가 온 시기에 둘째가 생겼다. 그리고 얼마 후 남편은 무사히 군대를 마치고 집으로 돌아왔다. 1963년 음력 설날을 3일 앞두고 시아버지가 돌아가셨다. 폭설로 상여가 나가지 못해 마당에 움집을 만들고 관을 모셨다.

설날에 둘째 선화가 태어났다. 시어머니가 종갓집에 거푸 딸을 낳았다고 면박을 줄 틈도 없었다. 시아버지의 시신은 조금 날씨가 풀린 후 뒷밭 소나무 아래에 움집으로 모셨다가 한 달 뒤에야 묏자리를 만들 수 있었다.

2년 후인 1965년, 시어머니가 돌아가시고 비슷한 시기에 셋째 딸 선미를 낳았다. 거푸 딸을 셋 낳자 고모가 흘깃 눈치를 주었지만, 신경 쓸 겨를이 없었다. 자식들은 옆에 매어두고, 한 푼이라도 더 벌어서 팔아버린 선산들을 사는 데 신경 썼다.

　　1967년에는 드디어 첫아들 석완을 낳았다. 창녕조씨 28대손으로 부제학공파 종손이 태어난 것이다. 석완이 태어나기 2주 전인 5월 3일에 박정희 후보가 윤보선을 누르고 6대 대통령으로 당선됐다. 이 해 10월에는 포항제철 기공식이 있었고, 12월 29일에는 현대자동차가 설립됐다.

　　중공업 기반을 세우고, 철강, 자동차 등을 중점적으로 육성하던 박정희의 정책은 틀리지 않았다. 다만 한일국교 정상화로 받아들인 배상금이나 차관으로는 너무 부족했다. 1964년, 의료부대를 필두로 베트남 파병을 시작하여 이후 전투병까지 파병했다. 1973년, 완전 철군까지 5천 명 넘게 사망하고, 1만 명 넘는 사람들이 부상병으로 돌아왔다. 대다수의 사람이 전쟁 트라우마를 안고 돌아왔다.

　　두 번째 '100만 세대'가 탄생하는 첫해인 1968년이 시작됐다. 시작점인 1월 21일에 김신조를 포함한 무장간첩 일당이 청와대를 피습했다. 그해 10월 말에는 울진·삼척 무장 공비 침투 사건도 발생했으니, 남북은 여전히 살얼음판이라는 것을 증명했다.

1968년에 태어난 대표적인 인물로는 정치인 조경태와 하태경, 가수 김건모와 윤상, 배우 박신양과 신현준, 최진실, 야구인 염경엽, 장종훈, 골퍼 최경주, 축구인 황선홍, 시사평론가 김어준 등이 태어났다. 그리고 프랑스에서는 '68 학생운동'이 시작되어 정치의 새로운 흐름도 탄생했다.

1969년이 시작됐다. 딸 셋에 아들 하나를 둔 부부의 어깨는 무거웠지만, 아이들은 잘 자랐고 여섯 가족은 순탄한 생활을 했다. 남편은 군 소재지의 중학교까지 우수한 성적으로 졸업한 만큼 동네에서는 식자 역할을 했다. 이장을 맡아서 마을 일을 돌보았고, 시골로 오는 각종 정부 지원을 먼저 시험해볼 수도 있었다. 동네 뒤에 있는 밭에 새로 보급되는 밤나무밭을 만들었다. 토질이 잘 맞았는지, 인근에서는 찾아볼 수 없을 만큼 큰 알밤이 수확되어 가을에는 제법 돈벌이가 됐다.

그해 10월에 둘째 아들인 필자가 태어났다. 나 역시 1969년에 태어난 100만 5천여 명 중 한 명이다. 그리고 1969년 3월, 남편이 근무했던 강원도 인제군에서도 한 생명이 태어났다. 훗날 필자의 아내가 된 하경미다. 묘하게 두 집안은 자식이 태어나는 시기가 비슷했다. 필자나 아내의 가정이나 연속으로 딸이 세 명 태어나고, 네 번째에 아들이 태어난 뒤 태어난 다섯째다. 다만 군인이었던 장인은 여기서 아이를 더 낳지 않았고, 필자의 부모님은 추가로 딸, 아들을 낳은 것이 달랐다. 상대적으로 필자의 부모님이 장인, 장모님에 비해 5세가량 어리셔서 당연한 일인지 모른다.

1969년은 닐 암스트롱이 인류 최초로 달을 밟고, 우드스톡 페스티벌이 열렸다는 점을 제외하면 특별한 사건이 없었다. 우리나라에서는 두 번만 하고 물러날 것으로 기대했던 박정희가 3선 개헌을 했고, 결국 밀어붙였다. 이 해에 태어난 사람들 가운데는 축구인 홍명보, 의료인 이국종, 가수 김완선과 엄정화, 윤종신, 야구인 양준혁과 구대성, 감독 봉준호, 장항준, 배우 하희라 등이 있다.

1970년이 시작됐다. 이 해 이 땅에 태어난 생명은 102만여 명이다. 이 해에 태어난 대표적인 인물로는 YG 엔터테인먼트의 양현석, 배우 오현경과 차승원, 이병헌, 황정민, 김혜수, 범죄자 유영철과 오원춘, 육상인 황영조, 희극인 강호동, 야구인 이종범, 소설가 한강 등이 있다.

이 해도 비교적 순탄한 한 해였다. 하지만 미래를 예감하는 사건도 발생했으니 11월 13일, 청계피복노조 전태일 열사가 근로

연도	출생아 수	조출산율 (인구 1,000명당)	출산율
1965년	996,052명	34.7%	5.16%
1966년	1,030,245명	35.0%	4.99%
1967년	1,005,295명	33.4%	4.841%
1968년	1,043,321명	33.8%	4.84%
1969년	1,044,943명	33.1%	4.62%
1970년	1,006,645명	31.2%	4.53%
1971년	1,024,773명	31.2%	4.54%
1972년	952,780명	28.4%	4.12%
1973년	965,521명	28.3%	4.07%
1974년	922,823명	26.6%	3.77%
1975년	874,030명	24.8%	3.43%
1976년	796,331명	22.2%	3.00%
1977년	825,339명	22.7%	2.99%
1978년	750,728명	20.3%	2.64%
1979년	862,669명	23.0%	2.90%
1980년	862,835명	22.6%	2.82%
1981년	867,409명	22.4%	2.57%

기준법 준수를 외치며 분신한 것이다. 박정희 정부가 특정 기업
을 중심으로 한 수출산업을 무리하게 진행하던 경제개발 계획도

저항을 만날 수 있다는 것을 보여준 의미가 큰 사건이었다.

1972년부터는 다시 한 해 출생 인구가 100만 명 아래로 떨어졌다. 이후 80만 명 전후를 기록한 1976년까지를 '2차 베이비붐 세대'라고 한다. 제2차 세계대전 이후에 태어난 베이비부머(1955~63년 출생)와 달리 '2차 베이비붐 세대(1968~76년 출생)'는 경제개발의 기점에서 태어난 세대다.

이 시기에는 본격적인 산업화로 인해 농촌의 인구가 도시로 이동하기 시작했다. 또한, 국가 위생체계가 갖추어지면서 유아 사망률도 급속히 감소하기 시작했기 때문에 지금까지 살아있는 비율도 상대적으로 높다. 필자의 집도 1972년에 여동생 해옥이, 1975년에 남동생 성민이 태어났다.

당시는 '둘도 많다. 하나만 낳아 잘 기르자' 등 산아제한 구호가 난무하고, 예비군 교육장에 가서 정관수술을 하면 혜택을 주는 상황이었기 때문에 부모님은 내 밑으로 아이 낳는 것을 부담스러워했다. 하지만 3살 터울로 생기는 동생들을 막기는 어려울 만큼 부모님의 금실이 좋았나 보다.

1972년부터 1976년까지는 정부 주도의 경제개발 계획이나 새마을운동이 본격적으로 진행되면서 농촌도 서서히 낙후된 모습을 벗어나기 시작했다. 하지만 정치는 오히려 후퇴했다. 1972년

10월에 박정희 정부가 비상계엄을 선포하고, 직접 국민투표에서 대의원 투표제로 바꾸는 개헌을 단행했다. 11월 유신 개헌이 통과되었고, 사실상 박정희 독재가 시작됐다.

1973년 8월에는 김대중 납치사건이 벌어질 만큼 정치는 추락했다. 1974년 1월 8일에는 개헌 논의와 비상군법회의 설치가 포함된 긴급조치 1호가 발표됐다. 계속 추가되는 긴급조치도 있었지만, 노조가 생기고 창작과비평사 같은 저항 매체가 생기면서 리영희의 《전환시대의 논리》 같은 책도 출간됐다.

그리고 그해 8월, 광복절 행사장에서 영부인 육영수 여사가 총탄에 의해 사망했다. 당시 세계 경제는 석유 파동이 정점에 치달아 힘들었지만, 한국은 노동자들의 중동 진출과 수출의 증가로 오히려 활기를 띨 수 있었다.

2차 베이비붐 세대의 마지막 해인 1976년은 옆 나라 중국에는 가장 복잡한 해였다. 탕산 대지진이 일어나고, 저우언라이, 주더, 마오쩌둥 등 혁명 1세대의 3인방이 모두 사망했다.

우리나라는 5월에 신민당 전당대회 각목 사건 등 후진적 정치 상황이 계속됐다. 그리고 이 해 12월 신직수 중앙정보부장이 경질되고, 후임 중앙정보부장으로 김재규가 임명되었다. 3년 후 한국 현대사를 바꿀 사건의 단초가 이때 시작됐다고 할 수 있다.

02

100만 세대의 10대

이 책에서는 100만 세대의 중심을 구분하기 좋게, '1970년생'으로
보면 될 것 같다. 필자 역시 다양한 인연으로 만난 사람들 가운
데는 1970년대 출생한 친구들이 적지 않은 만큼 1년 터울이 느끼
는 시대의 변화는 별로 크지 않기 때문이다. 그렇게 볼 때 100만
세대의 10대는 1980년에 시작됐다. 이 시기 역시 이들의 탄생만
큼이나 곡절이 많은 시기였다.

1979년 10월 26일 장기 독재를 꿈꿨던 박정희 대통령이 가장
믿었던 정보기관의 수장인 김재규 중앙정보부장의 손에 숨을 거
두었다. 박정희 대통령의 서거 소식은 시골에도 다음 날 전해졌
다. 그 소식을 들었을 때 자세히는 생각나지 않지만 별다른 느낌
이 없었다. 당시 나는 11살이고, 초등학교 4학년이었다. 아버지

는 마을 이장과 영농회장을 거듭해서 하고 계셨기 때문에 우리 집에는 항상 서울에서 신문이 배달됐다.

어려서부터 읽는 것에 흥미가 있었기 때문에 신문도 나의 중요한 읽을거리였다. 그때의 신문은 한문이 많이 쓰였지만 읽기에 별다른 문제는 없었다. 당시 대부분 신문이 석간이었으니, 필자가 읽은 신문은 대통령 서거 사건 후 2~3일 후쯤이었을 것이다. 신문에 나온 궁정동의 현장 약도는 어린 시절 필자에게 묘한 느낌으로 다가왔다.

장기집권을 꿈꾸던 사람은 떠났지만, 민주주의가 하루아침에 찾아올 리는 만무했다. 이후 전두환이 주도한 '12·12쿠데타'가 발생한 것이다. 정치적 혼란을 통해 정권을 잡으려던 이들은 광주를 희생양으로 삼았다. 1980년 5월에 광주항쟁이 발생했고, 이것은 우리 가족에게도 혼돈이었다.

당시 필자의 둘째 누나는 고등학교 2학년으로 광주에 있는 경신여고에 다니고 있었다. 고향 마을에서 딸들을 고등학교에 보내는 집은 필자의 집이 거의 유일했는데 공부를 잘했던 큰 누나와 둘째 누나를 광주의 고등학교로 진학시켰다. 그때는 구로공단이 활성화되면서 도시는 많은 노동자를 필요로 했다.

필자의 고향, 전라도의 소녀들은 대부분 도시로의 상경을 택했다. 보통 초등학교나 중학교를 졸업하면 도시로 향했다. 이렇게 떠난 딸들은 추석이나 설이 되면 겨우 고향마을에 돌아왔다. 그런 누나가 없었던 필자는 내심 서운한 감도 있었다. 다른 친구들의 누나들은 돈을 벌기 때문에 다양한 선물이 있었지만, 내 누나들은 학생이어서 그런 일이 없었다.

필자의 고향 동네에 살던 친구의 누나들도 대부분 그랬다. 하지만 그녀들의 삶은 그 자리에 멈추지 않았고, 이후 산업체 야간학교에 다니며 어느 정도의 학력도 갖추었다. 그리고 결혼한 후에는 자식들을 더 가르쳐서 자신과 같은 삶을 후대에 물려주지 않기 위해 노력했다.

필자의 고향 친구 중에 중학교 시절 안타깝게도 부모님이 돌아가신 친구가 있다. 이 친구도 필자의 집과 형제자매의 구성이 비슷했다. 친구는 시골에서 고등학교를 마치고 완전히 고향을 떠났다. 다행히 친구는 같은 창녕조씨 집안이라 마을에 집터도 그대로 있고, 산소가 있어 가끔 고향 집을 찾아온다. 이 친구의 누나 셋은 지난해 어머니 팔순 잔치에 맞추어 고향 집에서 하루를 묵고 갔다.

세 자매 모두 빨리 도회지로 떠났지만, 이제는 든든한 여력을 갖추고 자매들끼리 의지하면서 건강하고 편안하게 사는 모습이 보기 좋았다. 나이 차이가 나는 것 같지만 친구의 누나 세대들도 이제 60세를 지나는 만큼 큰 차이가 없다. 그들 세대의 삶도 우리 세대가 가진 고민을 똑같이 갖고 있다는 것은 당연지사다.

다시 1980년 5월로 돌아간다. 고향 마을 파출소의 무기고가 파괴되었다는 등 무성한 소문이 들리고, 광주에서 고등학교에 다니던 둘째 누나가 갑자기 내려왔다. 이미 복잡해진 광주에서 버틸 수 없어서 급히 고향 집으로 내려온 것이다. 이후 누나는 약간의 폐쇄 공포증이 생겨서 지금까지도 지하철이나 비행기를 타는 데 많은 곤란을 겪고 있다. 자세히는 알 수 없지만 1980년 광주의 악몽으로 인한 것이다.

둘째 누나와 같은 해 태생인 1963년생은 우리나라의 대표적인 작가들이 유독 많다. 공지영, 공선옥, 신경숙, 김인숙 등이 모두 같은 해에 태어났다. 고등학교 2학년에 1980년을 겪은 이 세대는 당시의 현장이 대부분 작품에 고스란히 녹아있다. 가장 치열한 현장은 광주에서 산 공선옥이다. 필자도 대학 시절 《오지리에 두고 온 서른 살》을 통해 그녀가 겪은 80년 광주를 만났다. 그리고 전북 정읍 출신으로, 이후 도시로 삶의 터전을 옮긴 신경숙은 수도권에서 산업체 학교에 다녔기 때문에 당시 치열했던 삶의 느낌이 작품 깊숙이 녹아있다.

필자는 중학교까지 시골에서 나왔기 때문에 10대 초반은 고향 마을에서의 경험이 전부였다. 시골집에서 백수초등학교까지는 2Km, 백수중학교까지 4Km가량이다. 당시 시골의 삶이란 게 지금의 공부와는 거리가 멀었다. 공부는 학교에 가서 하는 게 대부분이고, 사시사철 집안일과 산과 들에서 노는 게 전부였다. 겨울에는 납총을 만들어 꿩을 잡는다고 설치고, 소쿠리를 이용해 참새를 잡는다고 호들갑을 떨었지만 결국 잡히는 것은 아이들의 시간뿐이었다. 당시에 큰 도전이라면 처음 자전거를 타거나 정월 대보름에 아랫마을과 횃불 싸움을 하는 정도였다.

비슷한 시기 강원도 인제 태생인 아내도 서울로 이주했다. 장인어른이 마흔 즈음에 군대에서 비리를 저지른 장군에 항의한 후 결국 군복을 벗었다. 처가는 혜화동 성균관대 후문에 정착했다. 장인어른은 처형의 공장 일을 돕는 등 바깥일을 하고, 장모님은 성균관대생을 대상으로 하숙을 쳤다. 아내는 혜화초등학교를 거쳐서 종로에 있는 중고등학교에 다녔다. 당시 혜화초등학교는 이 인근에서 제법 많은 학생이 다닌 탓에 이후 사회에서 만난 이들 가운데 이 학교 출신이 많았다.

당시 도시에서 자란 100만 세대의 가장 큰 고민은 '사람'이었다. 아내가 다니던 혜화초등학교는 한 학년 당 10반이고, 10개의 학급으로 편성했는데도 학생 수가 너무 많아 2부제 수업을 했다. 한 학년 당 6백 명 정도인데, 2부제 수업을 했다면 한 학년은 1천 명가량이고 전교생은 6천 명에 이른다. 말 그대로 동창이라고 해도 알지 못하는 학생이 대부분이었을 것이다.

　시골이라고 해도 100만 세대는 별반 다르지 않았다. 필자가 살던 백수면은 1980년 12월에 인구 2만 명이 넘어 읍으로 승격했다. 군 소재지인 영광읍 다음으로 승격했고, 1985년에 원자력발전소가 생긴 홍농읍이 생겨나 영광군에 읍은 3곳, 면은 7개다. 백수읍에는 필자가 다닌 중앙초등학교를 중심으로 서교, 남교, 북교, 동교가 있고, 몇 곳의 분교도 있었다. 필자가 다닌 학교가 읍 소재지에 있어서 학교명이 '백수중앙초교'였지 당시 학생 수가 가장 많은 곳은 백수서초교였다.

　중앙초등학교는 한 학년에 3반이었다. 3개의 학급을 편성했는데 한 반 당 60명 정도였으니, 한 학년은 180여 명, 전교생은 1천 명 정도였다. 이 학생들은 졸업 후 대부분 읍 소재지인 백수중학교로 진학했다. 백수중학교는 학년 당 남자반 4개, 여자반 3개를 합쳐서 7개 반이었다.

　한 학년은 420여 명에, 전교생은 1,260명 정도였다. 이후 이 숫자는 급속도로 줄었다. 전교생 1천 명에 이르던 초등학교의 현재(2019년 11월 기준) 학생 수는 67명이고, 전교생 1,260명 정도였던 백수중학교의 현재 전교생 수는 13명인데 그나마도 2학년 여학생은 한 명도 없다.

　필자가 학교 다니던 시기에 백수읍에는 고등학교가 없었던 탓에 자식 중에서 아들은 영광읍 내에 있는 고등학교에 진학할 수 있었지만, 상대적으로 딸은 고등학교 진학을 포기한 채 노동자가 되는 경우가 많았다. 그러다가 당시 선생님들과 지역의 독지가들이 노력해 필자가 중학교를 졸업하고, 고등학교에 입학하던 해인 1985년에 맞추어 백수고등학교가 개교했다. 이후부터는 자연스럽게 많은 여학생이 집에서 고등학교에 다닐 수 있게 됐다. 그랬던 백수고등학교는 결국 2000년 2월 29일에 폐교하고 말았다. 지방소멸의 징후는 그때부터 나타나기 시작했다.

　또 당시에는 공부를 잘하는 학생들은 대부분 광주로 고등학교를 진학했다. 일반적이라면 필자도 광주로 고등학교에 가야 했지만, 누나들이 일하는 경기도 안양으로 고등학교를 선택했다. 당시 서울은 다른 지역 학생들이 시험을 볼 수 없었지만, 연합고사가 시작된 수원 등을 제외하고는 지원을 통한 입학이 가능했다. 다행스럽게도 필자는 시험에 합격했다.

　현재는 안양 시내로 이전했지만, 당시 필자가 다닌 고등학교는 인덕원에 있었다. 1학년 때는 누나들이 운영한 서점이 있던 안양대교 쪽에서 시내버스를 타고, 인덕원에 내려 학교까지 걸어갔다. 학생들이 순진하기 그지없는 데다 미션스쿨이기도 했던 터라 우리 학교 학생은 학창 시절의 별다른 반항도 없이 살았다. 우리 서점에서 당시 유행하던 김용의 무협지《영웅문》시리즈의 새 책을 가져다 돌려 읽던 게 일탈이라면 일탈이었다.

필자는 고등학교 2학년에 이과를 선택했다. 그런데 얼마 후 적성에 맞지 않는다는 것을 알고, 문과로 바꾸려 했지만 바꿀 수가 없었다. 3학년부터는 선생님에게 요청해 문과반에 가서 수업을 들었다. 모의고사 성적은 나쁘지 않았지만, 내신성적 등은 형편이 없었다. 그때는 별다른 생각이 없었다.

고등학교 3학년이던 1987년에 6월 항쟁이 일어났지만, 필자는 무감했다. 고등학생이 촉발한 광주학생운동도 있었고, 수많은 젊은 지사도 있었으나 그저 역사의 도도한 흐름을 방관하였다. 그해 6월 안양 시내도 시위가 격해졌다. 6월 항쟁은 그렇게 지나가고 있었다.

열심히 공부도 하지 않았지만, 그해 대학 입시에서 떨어진 필자는 재수를 시작했다. 그때 내 손에 들어온 것은 고시 합격 수기인《다시 태어난다 해도 이 길을》이라는 책이었다. 그 책에 노무현 전 대통령의 합격 수기가 있었는지 정확히 기억나지 않지만, 고등학교를 졸업하고도 고시에 합격한 수기도 적지 않았다.

이 책을 읽고 용기를 얻은 필자는 대학 입시 수험서 대신에 종로와 서울역 근처 헌책방 등을 돌아서 행정고시 수험서를 샀다. 그리고 둘째 누나가 서점을 하던 경기도 신갈의 한 독서실에서 행정고시 공부에 접어들었다. 이 독서실에는 경희대 수원 캠퍼스를 다니면서 행정고시를 공부하는 사람들이 많았다. 필자는 결국 이들과 어울려 술도 마시고, 시간을 낭비하고 말았다.

1989년 봄에 치러진 33회 행정고등고시 1차 시험에 응시했다. 시험을 본 다음 날 편지 한 장을 남기고 무전여행을 떠났다. 신갈에서 출발해 용인, 여주를 걸어 원주에 도착했다. 원주에서는 대구로 가는 기차를 탔다. 대구 성서공단의 한 연필심 공장에서 나흘 정도 일하면서 노동의 혹독함을 맛보기도 했다. 며칠 뒤 천안에서 처음으로 누나 집에 전화한 뒤 집이 뒤집혔다는 것을 알았다. 한 달여의 여행을 마치고, 다시 신갈에 있는 누나 집으로 돌아왔다. 결과를 확인하니, 당연히 합격자 명단에 없었다. 필자의 10대는 이렇게 우왕좌왕하면서 안타깝게 흘러가고 있었다.

100만 세대가 20대를 시작할 무렵인 1990년 전후는 민주정권 수립이 물 건너갔지만, 정치에서도 서서히 변화의 바람이 불었다. '88서울올림픽' 이후 국제적인 위상도 서서히 높아졌고, 노태우 전 대통령의 한중 수교 등 북방외교로 인해 국제 관계도 확대됐다.

03

100만 세대의 20대

큰 인기를 몰았던 드라마 〈응답하라 1988〉은 서울올림픽이 열리는 1988년 무렵 서울의 외곽인 쌍문동을 배경으로 하고 있다. 이 드라마는 사실상 100만 세대를 향한 앞선 송가(頌歌)다. 1944년생으로 당시 45살이던 성동일과 이일화 부부에게는 100만 세대의 첫 시작인 1968년생 큰딸 보라와 1971년생 쌍문여고 2학년인 둘째 딸 덕선, 1972년생으로 쌍문고 1학년인 막내 아들 노을이 있다. 덕선(혜리 분)과 동갑인 정환(류준열 분), 선우(고경표 분), 택(박보검 분) 등의 등장인물은 모두가 바로 100만 세대라고 할 수 있다. 따라서 100만 세대 가운데 수도권에 살던 이들의 10대 후반부터 변혁의 시기는 이 드라마를 보면 무엇보다 이해하기 쉽다.

드라마 속의 등장인물들은 모두 대학에 들어간다. 사실 당시의 대학 입시는 입학 정원을 늘리기 전이라 입시 경쟁도 치열했고 입학하기가 만만치 않았다. 수도권의 웬만한 대학들의 경쟁률은 10대 1이 예사였다.

1971년 출생자가 대학 입시를 치르던 1989년 12월은 전두환 전 대통령의 재판으로 인해 적지 않은 혼란이 있었다. 하지만 더 치열한 것은 대입 학력고사였다. 같은 해 태어난 102만 명 가운데 수험생들도 적지 않았지만, 앞선 100만 세대 가운데 누적된 재수생으로 시험장은 불구덩이와 같이 열기가 넘쳤다.

1987년부터 1992년까지 대입은 '대학입학 학력고사'로 불린다. 그런데 1989년 대학 입시 지원자는 전년보다 3만 7천여 명 늘어난 60만여 명이지만, 전국 4년제 대학 정원은 19만 2,340명으로 전년보다 40명 감축됐다. 평균 3대 1의 경쟁률이지만 중복 지원을 감안하면 수치는 훨씬 높았다. 이때는 경쟁률이 무려 100대 1이 넘는 학과들도 많았다.

1990년 전후 대학 입학생들은 다소 애매한 대학 생활을 보냈다. 1980년대 초반에 대학에 들어간 선배들은 전두환 정부에서 모든 것을 건 투쟁을 벌여 1987년 6월 항쟁이라는 결실을 맺었다. 비록 양 김 분열로 노태우에게 정권을 넘겨줬지만, 김영삼 등이 활발하게 정치 활동을 시작했다. 1988년 12월 20일에는 김근태, 이부영, 장기표, 김병오 등 재야인사와 미문화원 사건의 주역인 김현장, 문부식 등 1,581명이 사면복권을 받아 정치계로 복귀했다.

그러나 1990년대 학번들은 상대적으로 학생 운동의 적이 명확하지 못했다. 결국 싸워야 할 대상이 불분명해지면서 학생운동도 정확한 갈피를 잡기가 쉽지 않았다. 다만 두드러진 인물이 있다면 1989년 한양대 총학생회장으로 당선되어 그해 전대협 3기 의장에 오른 임종석이 있다. 100만 세대보다 약간 앞선 1966년 전남 장흥 태생인 임종석은 100만 세대들이 생각하는 운동권의 중심이 됐다.

또 1989년 6월 외국어대 학생인 임수경을 전국대학생대표자협의회 대표로 평양에서 개최된 제13차 세계청년학생축전에 보냈다. 임수경은 1968년생으로 100만 세대의 선두주자이자 통일 운동의 중심이 됐다. 이후 100만 세대에게 학생운동의 기억으로 각인될 사건은 1991년 4월 숨진 강경대 열사와 그해 5월 숨진 김귀정 열사, 1996년 3월 숨진 노수석 열사 등의 희생이 있었다.

필자는 이런저런 방황 끝에 18개월의 방위 생활로 국방의 의무를 마치고, 1991년 10월에 사회에 돌아왔다. 12월에 대학입학 학력고사를 보고, 합격해 다음 해 3월부터 대학 생활을 시작했다. 그래서 필자보다 4살 어린 동기들과 대학을 다녔다. 물론 군대를 다녀왔기 때문에 상대적으로 1년 정도 늦은 나이였다. 이때부터 서서히 역사에 대한 의식도 생겨서 사회과학 동아리에 가입해 역사와 시대 문화 등을 배우기도 했고, 열심히 가르치기도 했다. 4학년 때는 원래 공부하던 교직을 접고, 언론사 시험 준비 동아리에 들어가 참여했다.

1995년 가을, 몇 군데 언론사의 기자직과 광고대행사의 카피라이터 직을 지원했다. 필자가 시험을 준비할 때 같이한 여학생들은 2차 베이비붐 세대의 중간 정도에 속하는 1973년생 동기들이 많았고, 남학생은 군대에 갔다 온 경우 1970년생들이 많았다. 그리고 그해 10월, 월급은 많지 않지만 역사에 대한 예의를 지킬 수 있다는 생각에 미디어 비평지 〈미디어오늘〉 기자로 입사했다.

필자가 대학에 입학한 것은 1992년 3월인 만큼 강경대 열사와 김귀정 열사가 희생될 때는 현장에 있지 않았다. 노수석 열사가 희생할 당시 필자는 〈미디어오늘〉에 기자로 입사해 막 수습을 떼고, 활동하던 때였다. 사건이 일어난 3월 29일 오후에 선배들의 지시가 내려왔다.

"지금 연세대 노수석 학생이 경찰 강경 진압으로 다쳐서 국립

의료원에 있다는데 네가 가서 현장을 살펴봐라. 다른 언론사들은 잘 다루지 않을 텐데, 잘 스케치하고……, 왜곡 보도는 막아야 하니까."

필자는 선배의 지시에 노동 분야를 담당했던 김동원 선배와 동기인 강을영 기자와 함께 국립의료원에 갔다. 응급실 입구에서 돌아가는 상황을 지켜보고 있으니 분위기가 심상치 않았다. 비가 내리기 시작한 자정 너머, 응급실에서 밖으로 통하던 문이 열리면서 아주머니 한 분이 급하게 응급실로 들어갔다. 광주에서 급히 올라온 노수석 열사의 어머니였다.

다음 날 사무실로 돌아왔지만, 막상 할 수 있는 게 아무것도 없었다. 그때 적은 메모를 바탕으로 시를 한 편 써서 〈한겨레신문〉에 보냈는데, 다음 날 실려 있었다. 필자가 공식적으로 내놓은 처음이자 마지막 시였다.

나중에 필자의 시는 제주에서 활동하는 노래패 '노래세상 원'에 의해 노래로 만들어졌다. 1996년 3월에도 시위에 의한 진압으로 학생이 희생됐으니 학생 운동의 불이 꺼진 것은 아니지만, 그렇다고 활발해진 것도 아니다. 3당 합당을 통해 1993년 3월에 취임한 김영삼 전 대통령은 집권 초반기 금융실명제 등으로 제

어머니 머어언 길 올라오시네

– 고 노수석 추모시

어머니 머어언 길 올라오신다

광천터미널 오는 길은 오죽하고

빗속을 달리는 고속버스 속에서는 오죽하실까

내 입학식 오실 때, 한걸음 가쁜 그 길이

오늘은 천 길이실 텐데 어찌 오실까

억만의 무게를 끌고 억겁의 시간으로

어머니 올라오신다

어머니 오셔서 내 몸 보시면 어떠실까

친구들이 지키고 있는 내 차가운 몸 보시면 어떠실까

나를 쫓던 전경 형들은 병원을 둘러싸고 있구나

차가워지는 내 영혼을

빗속에 빛나는 나트륨등의 따스함으로라도 녹이고

어머니 기다려야 할 텐데

어머니 억겁을 지나 저기 오시네

도적 개혁 등을 추진했고, 김일성의 사망 등 학생운동의 주된 이슈들이 사라지고 있는 시기였다.

그 때문에 각 대학의 동아리가 모여 있는 총학생회 건물의 분위기가 서서히 바뀌는 시기이기도 했다. 기존에 사회과학이나 풍물패, 노래패 동아리 대신에 증권이나 취업 등의 동아리가 하나둘씩 그 공간을 차지하기 시작했던 시기도 100만 세대가 대학을 다닐 때 일어났던 가장 큰 변화다.

1995년 경제성장률은 1980년대 후반 3저 호황기가 누린 10% 이상은 못 했지만 9.6%로 상당히 높은 수준이었다. 기업의 고용 상황도 나쁘지 않았다. 하지만 그 당시부터 우리나라의 경제와 기업에는 바닥이 붕괴될 위험이 시작되고 있었다. 1997년 말 '국가 부도의 날'이 찾아왔다. 기업은 고용은 물론이고 모든 면에서 혼돈이 찾아왔다. 이 해는 90년대 초반 학번 남학생들이 직장을 찾는 해였다. 모두 2차 베이비붐 세대의 중심인 1970년대 초반에 태어난 이들이었다.

졸업을 한 남학생들은 직장을 찾기도 어려웠고, 이미 직장에 들어간 이들이라 할지라도 워낙에 낮은 연차라 주변에서는 제발 나가서 다른 일자리를 찾았으면 하는 눈치였다. 1970년대 초반에 태어난 여학생들은 입사한 지 몇 년차가 돼서 버틸 수가 있었

연도	경제성장률	주요사건
1984년	10.4%	
1985년	7.7%	
1986년	11.2%	
1987년	12.5%	3저 호황
1988년	11.9%	88 서울올림픽 개최
1989년	7.0%	
1990년	9.8%	
1991년	10.4%	
1992년	6.2%	
1993년	6.8%	
1994년	9.2%	1인당 GDP 1만 달러 돌파
1995년	9.6%	
1996년	7.6%	경제협력개발기구(OECD) 가입
1997년	5.9%	
1998년	−5.5%	외환위기
1999년	11.3%	
2000년	8.9%	
2001년	4.9%	

지만, 1995년 전후로 태어난 여학생들은 IMF 외환 시기와 겹쳐져 취업에 큰 곤란을 겪었다.

'국가 부도의 날' 얼마 후인 1997년 12월 18일, 15대 대선에서 김대중 대통령이 당선했다. DJP 연합, 이인제 후보의 표 분산이 없었다면 나오기 쉽지 않은 결과였다. 이회창 후보와의 득표율은 1.6%, 표차는 39만 1,000여 표 차이였다.

김대중 당선자는 국가 부도를 벗어날 방법으로 고용 유연성 확대, 구조조정, 공기업 민영화 등을 제시했다. 이때부터 취업 시장은 급변하기 시작했다. 우선 안정적인 직장에 대한 선호가 시작됐다. 대기업보다 선호도가 낮았던 공무원이나 공기업의 인기가 폭증했다. 고시는 물론이고 7급이나 9급 공채에도 명문대 졸업생이 몰리기 시작했다.

이 현상은 20여 년이 지난 지금까지 멈추지 않고, 지속적으로 유지되고 있다. 이 밖에도 교사 등 안정적인 직장에 대한 선호도 커갔다. 그리고 이때부터 대부분의 기업이 45세 전후로 차장, 부장까지 승진을 못 하면 명예퇴직을 강요하는 풍토가 생겼다. 이후 점차적으로 나아지기는 했지만, 다시 제조업 위기가 발생하면서 재현될 가능성이 커지고 있다.

이 당시 사회에 접근하게 된 2차 베이비붐 세대는 혼돈에 빠졌다. 20대 후반에 확실한 직장을 잡지 못한 만큼 갈수록 안정적인 직장에 들어갈 기회는 사라졌다.

1997년 12월 김대중 대통령이 당선되었지만, 필자가 다니던 신문사 내부는 흉흉했다. 신문사의 어머니 격인 언론노련도 당장 각 회원사의 상황을 볼 수밖에 없었다. 그나마 도와주던 기업들도 광고를 끊었다. 선, 후배 상관없이 누군가 나가기를 바라는 눈치가 빤했다. 그때 필자에게 한 여행 잡지에서 제안이 왔다. 새로 여행 잡지를 만드는데, 선임기자로 영입한다는 제안이었다. 더욱이 한 달에 한 번 정도는 해외 취재가 있다고 했다. 여행을 좋아하는 만큼 관심도 갔지만, 누구라도 빠져주면 좋아할 회사 분위기를 생각해야 했다.

얼마 후 여행 잡지로 옮겼다. 그런데 이 기업 역시 IMF로 인해 위기에 빠지고 있었다. 결국 베트남 취재를 다녀와 창간호를 내고 나니, 회사는 거덜 났다. 이후에도 필자는 3개 정도의 회사를 전전하다가, 그해 말 첫 직장 선배가 만드는 금융과 IT 전문신문 창간팀에 합류했다. 당시 이 분야는 선두주자도 있었지만, 후발 주자로 뛰어들어 빠르게 자리 잡을 수 있었다.

그즈음 필자에게는 또 다른 문제가 발생했다. 부모님이 힘겨운 돈으로 지원해준 구파발 전셋집에 문제가 생긴 것이다. 7가구가 마당을 두고 만들어진 이 전셋집에 필자는 2,100만 원을 내고 들어갔다. 그런데 이 집이 경매에 들어가면서 후순위로 밀린 것이다. 당시 1,900만 원 이상의 전세금은 구제 대상이 될 수 없었다.

게다가 또 다른 결정이 남아 있었다. 바로 결혼이었다. 필자는 1998년 여름에 중국에서 유학 중이던 아내와 결혼을 결심했다. 1998년 12월 방학을 맞은 아내가 귀국했을 때, 처가와 친가에 결혼 인사를 했다. 영광에 들렀다가 시외버스로 부안에 들러 신석정 시비를 찾아가는 등 낭만도 있던 시기였다.

1999년 8월 15일에 고향에서 결혼식을 올리고, 제주도로 잠시 신혼여행을 다녀온 뒤 모든 짐을 정리해, 9월 초 중국행 배에 몸을 실었다. 중국행에는 10년 후에 짐만 되다가 돌아올 100여 권의 책들과 새로 산 노트북, 그리고 디지털카메라가 대부분의 짐이었다. 톈진에 도착해 아내가 유학하던 대학촌의 한 연립주택에서 신혼생활을 시작했다. 전화선을 연결해 PC통신도 하고, 인터넷도 어렵사리 접근했다. '밀레니엄 버그(Millennium Bug)'라는 괴소문과 함께 새해가 오고 있었다.

한편 한국에 남은 사람들은 어땠을까. 그해 7월에 대우그룹 구조조정 발표 등 경제는 여전히 흉흉했지만, 서서히 회복의 가능성도 보이기 시작했다. 100만 세대에 속하는 대학 동기들 가운데 여자 동기들은 대기업에 취직하는 이도 있었고 비교적 사회에서 자리를 잡아갔다. 반면에 남자 동기들은 시대적 상황으로 인해 안정성이 덜했다. 특히 2000년대 초반까지는 기업에서 공채라는 말이 거의 사라진 상황이었다.

노스트라다무스(Nostradamus)의 예언이나 밀레니엄 버그의 비관론이 전 지구에는 틀렸지만, 100만 세대에게는 거의 전쟁과 같은 모습으로 찾아온 것은 사실이다. 직장 문제에서 어려움을 가진 100만 세대는 앞 세대가 가능했던 아파트 장만 등 자구책을 만들기가 쉽지 않았다. 이때 태어난 세대 가운데는 공부 좀 해서 도시의 낮은 노동자 계층으로 사는 것보다 시골에 남아서 자기만의 농사를 짓거나, 도시에서도 전문적인 사업으로 자리를 잡은 이들이 훨씬 더 성공할 확률이 높았다.

1999년 8월 15일 결혼식 후 제주도로 신혼여행을 떠났다. 신혼여행에서 돌아와 중국으로 바로 들어갔고, 10년을 살다가 귀국했다.

04

100만 세대의 30대

100만 세대는 쉽지 않은 시대를 살았지만, 처음으로 다른 나라를 가볼 수 있게 된 세대다. 정부는 1989년 1월 1일을 기점으로 우리 국민의 해외여행 전면 자유화를 시작했다. 변화는 서서히 시작됐다. 우선은 가장 고소비 기회인 신혼여행을 해외로 가는 문화가 생겼다. 이후 대학생들에게 해외 어학연수나 워킹홀리데이(Working Holiday)란 말이 들리기 시작했다.

이로부터 10년 정도 지난 2000년부터는 우리 국민에게 유학이나 해외여행은 전혀 낯설지 않게 됐다. 특히 중국 유학도 확연하게 늘었다. 밀레니엄 세대들 가운데는 답답한 국내에서 벗어나 해외로 나가보려는 시도가 더 확장되기 시작했다.

의도하든 의도하지 않았든 2000년부터 필자도 그 대열에 뛰어들었다. 1999년 8월 15일에 결혼을 하고, 바로 아내가 유학 중인 중국으로 갈 것을 결심했다. 문제는 내 수중에는 돈이 전혀 없었다. 아내가 사회생활로 벌어둔 유학자금이 있었지만 그건 아내 몫이고, 그나마도 국가 부도에 따른 외환 폭등으로 거의 반 토막 나다시피 했다.

1999년 톈진으로 들어가 톈진대학 언어연수반에 들어갔다. 중국어를 전혀 하지 못했기 때문에 나는 가장 기초반에 들어갔다. 아내를 자전거 뒤에 태워 톈진중의대학에 내려주고, 안산시다오를 건너 어학연수반에 들어갔다. 한 반에 20여 명의 학생이 있었는데, 우리 반에는 10여 명의 한국 여성, 일본 남자 둘, 한국 남자 셋 정도가 있었다. 가장 기초적인 발음을 배우는 만큼 흥미가 있을 리 만무했다. 졸다가 대답하고, 졸다가 대답하면 어느덧 오전이 끝나 집으로 돌아왔다.

즐거운 일이 있다면 오후 4시경 유학생 거리의 한편에 신장자치구 출신 웨이얼족 부부가 하는 양꼬치 집이 문을 여는 것이다. 나는 해 질 무렵 거리로 나가 두툼한 양꼬치 한두 개에 칭다오 맥주를 시켜서 갈증을 달랬다. 거리에 차가운 낙엽이 떨어질 때는 그때대로, 삭풍이 시작된 겨울은 겨울대로, 꽃가루가 날리는 봄은 봄대로 맛있었다. 1년 동안은 어디 먼 길 갈 때를 제외하고는 정말 하루도 안 빼놓고 그런 일상을 반복했다.

그렇게 지내던 12월의 어느 날, 한 사람이 전화를 걸어왔다. 현지에서 '한글판 신문'을 하는 박 사장이었다. 그는 인터넷을 통해 기자 출신인 필자가 톈진에 왔다는 사실을 알았다며, 혹시 자기 신문사 일을 도와줄 수 있는지 물었다. 조금 고민하다가 우선은 합류를 약속했다. 그리고 2000년 2월 초부터 프리랜서 형식으로 신문사 사무실을 다니기 시작했다.

그러나 이곳에서 일하던 직원들은 글을 제대로 써본 이들도 없었고, 신문 편집의 경험도 거의 없었다. 결국 필자는 직원 교육과 함께 신문사의 기본 틀을 다시 잡았다. 그렇게 2000년 3월 첫 주차에 재창간호를 냈다. 첫 호의 제목은 〈한국 언론의 냄비근성〉이었다.

당시 중국에서는 중국 동포(조선족)들의 한국인을 상대로한 범죄들이 적지 않았다. 그런데 우리 언론은 사건의 맥락을 무시한 채 중국 동포가 일방적으로 가해하는 것으로 보도했고, 중국 동포들에 대한 반감이 적지 않았다. 첫 호는 이런 전반을 비판하는 기사였다. 사건의 심층을 제대로 보지 못하는 한국의 언론사 특파원들을 비평하는 것을 첫 기사로 낸 것이다.

아니나 다를까, 다음날 베이징에 있는 한국 언론사 특파원 간사로부터 전화가 왔다.

"야 ○○야, 네가 누군데, 우리 보고 냄비라고 해? 미쳤어?"

"말조심해서 하세요. 저희 기사가 잘못됐으면 내용으로 비판하세요!"

"네가 누군데 그렇게 말해? 지방에서 정보지나 내는 놈들이 감히 그런 비판을 하냐고?"

"팩트(Fact)로 비판하라니까요. 저도 한국에서 〈○○○ 오늘〉에서 기자로 일했고요. 전체적인 맥락을 보고 글을 쓴 겁니다."

상대방은 그제야 어투가 수그러들기는 했지만, 만만치 않은 위협적인 말로 전화를 끊었다. 이후로도 나는 이런 자세를 바꾸지 않았다. 이미 정착한 베이징이나 톈진, 상하이의 매체 사이에 존재감을 만들기 위해서는 자기만의 위치를 갖지 않으면 안 되었기 때문이다.

가장 부담스러운 것은 당시 광고 매출로 중국 10위권 안에 있는 톈진의 〈진완바오(今晚報)〉와 싸우는 것이었다. 이 신문은 '매일 거짓말하는 한국인'이라는 제목의 외부 칼럼을 자기 지면에 실었다(2000년 12월 22일 자). 유학생에게 이 소식을 제보받은 나는 이 기사를 번역해 전제하고, 유학생회장에게 반대 논리의 기고를 받았다. 처음에 반응이 없자, 다시 한국인회 등에 요청해 항의 기사를 싣기도 했다.

얼마 후 〈진완바오〉는 작지만 1면에 사과 기사를 실었다. 이런 한국에 대한 악의적 칼럼을 그냥 지나쳐 버리면, 중국 지성인들은 더욱더 그런 관점을 키울 것이다. 그런데 최근에 우리 언론이나 네티즌이 보여주는 중국에 대한 부정적 선입견, 편견을 보면 깜짝 놀라게 된다. 만약 중국 유학생들이나 언론인이 이런 문제를 제기한다면 우리 언론은 어떻게 대처할 수 있을까.

필자는 〈중국경제신문〉에서 편집국장으로 일하면서 책 집필도 시작했다. 〈오마이뉴스〉에 기획 연재 후 출간한 《중국 도시 기행》, 《차이나 소프트》도 있었고, 중국 정보들을 취합해 여행책 《알짜배기 세계여행 중국》을 집필하기도 했다.

이때 가장 힘든 것은 방대한 자료 사진을 모으는 일이었다. 가져간 디지털카메라의 저장 용량이 사진 20장 정도에 불과해서 거의 쓸모가 없었다. 이후 귀국했을 때 필름 카메라를 구입했고, 2004년경에는 DSLR을 구입했다. 이렇게 모은 사진들은 훗날 책을 출간하거나 기사를 쓰는데 중요한 자료가 됐다.

이런 필자의 활동에 날개를 달아준 것은 '방송 코디네이션' 일을 시작한 것이다. 2002년경 존경하던 방송계 선임인 정길화 선배에게 전화가 왔다. 중국 장애인 공연단을 취재하는데 현지 진행을 부탁한 것이다. 처음에는 중국어가 부족하다는 이유로 거절

했지만 거듭 '괜찮다'고 부탁하는 바람에 필자도 용기를 내서 방송 코디네이션 일을 시작했다. 이 일은 일당 120달러에서 150달러로 제법 벌이가 나쁘지 않았다.

또 KBS 〈세계는 지금〉 해외 영상통신원으로 등록해 방송 일도 시작했다. 이 일은 필자가 기획한 아이템을 KBS 방송국에서 검토 후 취재를 지시하면 현지에서 직접 취재해 테이프를 한국으로 보낸다. 그럼 5분 정도로 편집한 뒤 다시 전화로 녹음해 방송하는 방식이다. 이렇게 필자가 가보고 싶고, 취재하고 싶던 아이템을 골라서 방송을 내보낼 수 있었다.

이런 방식으로 선농지아, 무당산과 소림사, 핑야오 고성, 삼협, 우왕릉 등 다양한 아이템을 방송했다. 방송 장비를 구입한 차에 직접 여행지 소식을 취재한 내용은 역시 KBS 〈세상은 넓다〉를 통해 10여 차례 방송했다.

이처럼 방송 일에 관여하면서 나 역시 방송을 만들고 싶다는 생각을 했다. 한번은 중국 곳곳에 있는 임시정부 청사를 답사한 적이 있었다. 안타까운 것은 도시의 급격한 발전과 변화로 인해 임시정부 청사들이 사라지거나 개조되는 것이었다.

그래서 필자는 소중한 우리 역사가 더 많이 사라지기 전에 보전이 필요하다고 절실히 느껴 직접 기획한 다큐멘터리를 만들기로 결심했다.

다큐멘터리의 제목은 '임시정부 2만 리 길을 가다'였다. 이후 상하이, 지아싱, 항저우, 난징, 창사, 충칭 등 촬영 장소를 선정하고 작업을 시작했다. 그러나 혼자 하는 작업에는 한계가 있는 탓에 방송국에서 카메라 촬영 작업을 한 경력이 있는 호령이의 도움을 받았다. 몇 차례 나누어 촬영하고, 열악한 상태지만 가편집을 해서 서울로 귀국했다.

중국 촬영 코디네이션으로 인연이 있는 다큐멘터리 제작자 이경순 선배팀의 협조로 편집과 녹음을 마치고 2003년 9월 4일에 KBS 1TV에서 방송했다. 누추하기는 하지만 내 경력에 PD를 넣을 수 있는 유일한 근거다.

현재 KBS 사장이 된 양승동 선배(右)가 연출한 〈나를 사로잡은 조선인 혁명가 김산〉의 현지 코디를 맡았다. 방송 제작과 코디를 통해 나는 최대한 중국 전역을 방문했고, 그 기록을 글과 책으로 남겼다. 사진은 중국 옌안에서 보탑산을 배경으로.

필자가 바지런하게 중국에서 시간을 보내는 시기에 한국에 있는 100만 세대들은 어떤 시간을 맞았을까? 2000년대에 들어선 첫 10년 동안 한국의 경제 성장률은 5% 전후로 나쁘지 않았다. 다만 2008년 리먼 브러더스(Lehman Brothers) 사태가 발생하면서 2009년에 경제성장률이 0.8%로 추락했지만, 이후 진정 국면에 접어들면서 2010년에는 6.8%로 전해의 성장 부족분을 만회했다.

2004년 1월, 필자는 주변의 여러 권유로 여행사를 창업했다. 당시 필자는 〈오마이뉴스〉 등의 매체에 중국 여행이나 문화에 관한 기사를 썼고, 중국 여행 동호회 커뮤니티에서 여행 정보를 공유하고 있었다.

이 시기에 톈진 필자의 집에까지 찾아온 중국 여행가 세 사람이 "당신 같은 사람이야말로 여행사를 차려야 한다"라며 거듭 권유를 했다. 결국 이들의 설득에 넘어가 서울에서 여행사를 차렸다. 또 중국 현지 업무를 톈진에서 보기 힘들어, 2004년 7월 즈음에 베이징으로 집을 옮겼다.

여행사 일은 나쁘지 않았다. 〈고미숙과 떠나는 열하기행〉, 〈박현숙과 떠나는 베이징 기행〉 등 의미 있는 테마 여행을 만들었고, 〈오마이뉴스〉 등과 마케팅 활동을 공동으로 협력 전개하는 등 활발하게 여행 사업을 추진했다.

하지만 애초에 자본이 부족한 상태에서 사업을 시작한 만큼 여러 문제가 발생했다. 서울 사무실에서는 같이 뜻을 모았던 이들 간 분쟁이 벌어지고, 영입한 여행사 전문가까지 분열 행동을 벌였다. 결국 1년여의 파장을 겪고 나서 모든 것을 내가 책임지기로 하고, 나 혼자서 운영하게 됐다.

이후 대교 차이홍의 중국어 캠프를 제안해 성공적으로 런칭하고, 정부와 기업의 중국 전문 여행 프로그램을 운영하면서 서울과 베이징 사무실을 꾸려갈 수 있었다. 매출은 급속히 올라가서 잘 되는 것으로 보였지만, 나 자신은 사업을 하기에는 계산에 약했고, 여행자들에게 지나치게 베푸는 스타일이었다. 그러면서 나는 사업에는 맞지 않다는 것을 서서히 체감하기 시작했다.

그렇다면 다른 100만 세대들의 삶은 어땠을까? 이 시기에 100만 세대들에게 닥친 가장 큰 과제는 결혼과 출산이었다. 2차 베이비붐 세대들이 아이를 낳는 시기는 대략 2000년 전후다. 시골에 있는 여자 친구들은 20대 후반에 들어선 1995년부터 아이를 낳기 시작했고, 1973년생인 여자 동기들은 직장에 들어간 얼마 후인 2000년 초반부터 아이를 낳았다.

상대적으로 남자 동기들은 이래저래 쉽지 않아서 2005년 정도부터 2세 탄생 소식을 들려주기 시작했다. 우리 부부에게 용우가 태어난 것은 2002년 8월이었다.

연도	출생아 수	조출산율 (인구 1,000명당)	출산율
1994년	721,185명	16.0%	1.66%
1995년	715,020명	15.7%	1.63%
1996년	691,226명	15.0%	1.57%
1997년	675,394명	14.4%	1.52%
1998년	641,594명	13.6%	1.45%
1999년	620,668명	13.0%	1.41%
2000년	640,089명	13.3%	1.47%
2001년	559,934명	11.6%	1.30%
2002년	496,911명	10.2%	1.17%
2003년	495,036명	10.2%	1.18%
2004년	476,958명	9.8%	1.15%
2005년	438,707명	8.9%	1.08%
2006년	451,759명	9.2%	1.12%
2007년	496,822명	10.0%	1.25%
2008년	465,892명	9.4%	1.19%
2009년	444,849명	9.0%	1.15%

그럼 1995년부터 출산율은 어떻게 됐을까. 지속해서 떨어져 과거 6명대였던 출산율은 1961년부터 줄곧 떨어지기 시작했다. 급기야 1984년에는 2명대가 무너졌다. 1998년에는 1.5명이 붕괴

했다. 그해 태어난 출생아 수는 64만천 명 정도였다.

정작 아이를 낳을 수 있는 여성들이 많았던 베이비부머 시대에 출산율이 떨어진 것은 그 시대가 불안정한 일자리, 불안한 미래로 아이를 낳기 부담스러울 수밖에 없다는 사실을 말한다. 출산율은 지속적으로 하락해 2001년에 1.3명대로, 그리고 다음 해에는 1.17명으로 떨어진다. 이후 2016년까지 1.1명대를 기록한다. 사실 2명인 부부가 2명의 아이도 출산하지 않는다는 것은 궁극적으로 인구가 줄어든다는 것을 의미한다.

특히 2차 베이비부머의 출산기라고 할 수 있는 1995년부터 2010년 기간의 출산율은 그들의 암담한 현실을 보여주는 가장 현실적인 지표라고 할 수 있다.

100만 세대의 부모 세대라고 할 수 있는 이들은 이 시기 60세를 통과해 사회에서 부를 추가로 축적할 수 있는 기회가 별로 없었다. 이들 가운데 서울 강남 같은 고급 주택가에 아파트라도 보유한 이는 다행이었지만, 이들보다는 약간 어린 1차 베이비부머들이 부의 중심대에 섰다.

1차 베이비부머의 중심인 1958년생의 경우 30세에 1988년을 지났다. 이들은 비교적 좋은 직장을 잡았다. IMF 관리체제에 처했지만, 10년 차 중간 간부층이라 비교적 안전하게 IMF 시기를 지나왔고, 2000년대 초반에 강남 아파트 등의 매수 기회를 잡을 수 있었다. 게다가 노무현 정부 시절에 강남 아파트 가격은 더 상승했고, 부에 대한 자신감을 가질 수 있었다.

2019년 10월 통계청이 내놓은 '2018년 기준 가구당 평균 순자산(자산−부채)'을 가구주 연령별로 보면 50대(1차 베이비부머)가 3억 9,419만 원으로 가장 많았다. 60대 이상(3억5,817만 원)과 40대(3억 4,426만 원) 등이 뒤를 이었다. 전체 국민 순자산에서 차지하는 비중도 50대가 31.7%로 가장 컸다.

부동산, 주식 보유 등에서도 50대가 40대를 압도했다. 더욱이 문제는 40대라고 하지만 부유층의 자재 등 특정 층이 가진 부가 많기 때문에 상대적으로 보편적인 100만 세대가 가진 부는 더욱 작은 것이다.

100만 세대는 2010년에 40세를 통과하고, 2020년에 50세를 통과한다. 국내에서 벌어진 부동산 호황은 대부분 중산층 이상이 보유한 강남이나 목동, 용산 등에서 이뤄졌다. 상대적으로 100만 세대 가운데 이런 지역에 부동산을 소유한 이들은 많지 않았고, 상대적인 박탈감도 적지 않았다.

05

100만 세대의 40대

2010년을 즈음하여 어느덧 100만 세대도 40대가 됐다. 필자의 대학 동기들은 대부분 한 명 또는 두 명의 자식을 두었다. 상대적으로 경제적인 여유가 있는 동기는 두 명 이상의 자식을 두기도 했다. 물론 상속받은 자산이 있거나, 부부가 안정적인 일자리를 가진 예외적인 친구의 사례가 있기는 하다.

필자의 중국에서의 생활은 점차 안정적으로 자리를 잡아가고 있었다. 그간 일하던 〈중국경제신문〉은 신문사가 베이징으로 이전하면서 자연스럽게 정리했다. 처음 적은 돈벌이 속에서 나름의 즐거움과 성취감을 느낀 일이었다.

신문사를 그만둔 후부터 방송 코디네이션 일을 시작했다. 주된 일은 한국의 방송사가 중국에 취재를 왔을 때 현지 섭외, 통역 등 전반적인 업무를 도와주는 것이다. 2003년부터 코디네이션 일들이 많아지면서 생활비 등 주 수익이 됐다. 전문적인 일인만큼 하루 150~200달러를 버는데, 당시의 중국 물가를 감안하면 열흘만 일해도 한 달을 생활할 수 있는 수입이었다.

서울과 베이징에 사무실을 둔 여행사는 사업 초기에는 많은 우여곡절이 있었지만, 3년 차 자리를 잡아가면서 연매출 10억 원이 넘었다. 중국 사무실이 있는 베이징에서는 코디네이션 팀도 더 보강했다. 나 혼자 이 일을 맡기 보다는 유학생들 가운데 유능한 학생을 뽑아서 쓰면 더 낫겠다고 생각했기 때문이다. 베이징 유학생들의 카페인 '북경 유학생 모임'에 글을 올리자 지원자들이 적지 않았다. 그중에 가능성이 있는 학생들을 3명 선발했고, 반년마다 학생을 늘려 필자가 귀국할 때는 10여 명이 같이 코디네이션 일을 했다.

당시 함께 일한 학생들은 이후 이런 경력들이 메리트(Merit)가 되어 지금도 중국 등지에서 큰 활약을 하는데, 필자에게는 자부심을 갖게 하는 팀들이다.

100만 세대들에게 있어 40대였던 2010년대는 그다지 반가운 시기는 아니다. 이명박과 박근혜 정부는 새로운 미래 먹거리를 만들기보다는 4대강 같은 토목공사에 치중했다. 창조경제라는 말이 정치적·경제적 아젠다(Agenda)로 올라왔지만, 속을 들여다보면 창조적인 부분은 찾기 힘들었다. 거기에 밀실정치까지 확대되면서 촛불 혁명이 시작됐다. 그리고 문재인 정부가 시작됐다.

앞서 말했듯이 2008년 초겨울에 우리 가족은 갑자기 귀국했다. 불가피한 운명이었다. 하루아침에 돌아온 만큼 귀국에 대한 준비도 거의 없었다. 사업을 했다지만 하루 벌어 하루 먹는다는 말이 가장 적합할 정도였으니, 귀국 후 살 집을 마련할 자금도 없었다.

얼마 후 어머니와 처가의 도움으로 작은 전셋집을 마련해 한국 생활을 시작했다. 어디를 쉽게 움직일 수 없는 상황이었다. 여행사 일은 직원들에게 맡겨두고 한신대에서 외래교수를 하는 등 '푼돈벌이'를 했다. 한신대에서 '중국 테마 여행 플래닝'과 '다큐 제작 실습'을 강의했다. 그러던 중에 〈인민일보〉 한국 대표처에서 주간지를 발행하면서 연락이 왔다. 이후 편집부장과 사업국장을 겸직하면서 일을 진행했다.

이처럼 '격한 생의 터널'을 지날 무렵인 2010년 10월, '새만금군산경제자유구역청'에서 중국 전문가를 뽑는다는 공고를 우연히 봤다. 직전에 시흥시에서 뽑는 공보관에 응시해 낙마한 상태였지만, 다시 준비해서 응시했는데 다행히 합격 소식을 받았다. 전임가급으로 4급 상당의 공무원이어서 대우도 나쁘지는 않았다. 조금 안정을 찾는 듯했지만, 관청이 청사를 몇 번 옮기는 바람에 가족 전체의 이주도 어려웠다. 나도 주중에는 전주, 군산에서 생활하는 기러기 생활을 했다.

2013년에는 전라북도청 소속이던 새만금경제청이 국토교통부의 외청인 새만금개발청으로 바뀌었다. 소속이 국가직 공무원으로 전환됐지만, 직급은 행정사무관으로 오히려 낮아졌다. 직원들과의 생활은 즐거웠으나 고시 출신들이 주도하는 중앙 부처는 일하기에 맞지 않았다. 더욱이 박근혜 정부가 들어서면서 공직사회도 터무니없는 일들이 많았다.

그러나 그런 상황에서도 내 일에 대한 자부심이 있었다. 가장 큰 성과를 거둔 일은 중국의 국책 연구기관인 사회과학원에 '새만금이 투자할 가치가 있다'는 용역을 한 것이다. 즉 한국의 입장이 아닌 중국 입장에서 새만금을 보게 한 것이다. 중국의 〈인민일보〉 등 여러 매체에도 새만금 관련 기사를 싣게 해 인지도를 높이는 데 노력했다.

2015년에는 중국 기업의 새만금 태양광 투자유치를 진행했다. '발전(2,800억 원)'과 '제조업(3,000억 원)'을 투자하는 프로젝트였다. 제조업은 국내 사드(THAAD) 배치 문제로 인해 투자 시점을 잡지 못했지만, 발전은 300억 원 정도가 투자되어 새만금에 첫 태양광 발전 시설과 ESS(에너지 저장장치)가 들어섰다.

이 과정에서 전북도, 군산시, 시민단체의 격렬한 반대가 있었

새만금개발청 홍보 전시회에 소개된 태양광 발전 모습. 2015년 필자가 유치를 추진하고, 다음 해에 완공된 새만금 첫 태양광 발전소다.

2013년 9월 말 새만금군산경제자유구역청 해체 전 기념 촬영. 그것이 공직이든, 사기업이든 자신이 즐겁게 일할 수 있는지를 살피는 게 중요하다.

지만, 나는 그들을 설득했다. 당장 군산 비행장 소음으로 쓸 수 없는 땅에 시험적으로라도 가치를 만들 수 있는 태양광을 해보자는 논리였다. 결과적으로 문재인 정부가 추진하는 8조 원 태양광 프로젝트의 첫 다리를 놓았다는 자부심이 남아 있다.

하지만 박근혜 정부에서 공직을 한다는 것은 쉽지 않았다. 결국 2015년 11월 공무원 옷을 벗고 다시 '노마드'가 됐다. 그리고 2007년 1월 《노마드 라이프》라는 책을 출간했다.

이후에는 아내가 하던 여행사 일을 하면서 〈차이나리뷰〉 편집장 등 다양한 일을 했다. 또 홍콩에 본사를 둔 〈유니월드〉 한국 지사장을 맡았다. 당장 확실한 일자리를 갖지 못한 내 처지를 딱하게 여긴 선배의 배려이기도 했다. 몇 차례의 이직과 퇴사를 반복하면서 여러 일을 했지만 대외 활동도 지나치게 많았고, 또 돈을 베푸는 습성도 버리지 못했다.

2018년 7월 말에는 대규모 부동산 개발을 하는 회사의 투자유치 담당 상무로 중견기업의 계열사에 입사했다. 불리한 계약조건이었지만, 이후 능력을 인정받아 1년 뒤 정당한 연봉을 받겠다는 계획이었다. 하지만 '임(시직)원'이라는 신분은 맞았다. 2019년 12월까지 일하면 된다는 통보를 받았고, 2020년 1월부터 다시 프리랜서로 돌아왔다.

100만 세대의 앞 세대인 만큼 어느덧 필자도 50대에 들어섰다. 크게 변한 것은 없다. 여전히 가족을 부양하고 있으며, 고등학교 3학년 된 아들 하나를 키우는 것에 대한 불안감이 있다. 어디에 정착하지 않아도 살 수 있는 '노마드 라이프(Nomad Life, 유목민적 삶)'를 주창하는 필자의 상황을 어떻게 정리할 수 없다. 기획재정부 등 정부 부처는 물론이고 다양한 기관에서 특강을 하고, 몇몇 방송국에서 방송도 했다. 정 안 되면 지인의 언론사에서 적지만 월급쟁이 생활을 할 수 있는 '노마드 라이프의 원조'인 필자조차도 생활이 힘들다.

아마도 이런 어려움이 필자만은 아닐 것이다. 100만 세대들은 대부분 그렇다. 다행히 공무원 시험을 선택해 공직에 들어간 친구들도 있다. 묘하게 필자의 초등학교 동기 가운데 3명이 중앙부처의 공무원으로 사무관을 달았다. 그런데 지금은 모두 공직에서 물러났다.

한 친구는 운 좋게 회계법인의 간부로 영입되었고, 교육 관련 공무원인 다른 친구도 어떤 연유인지 지금은 공직을 하고 있지 않다. 지역에서 공직을 하는 친구들도 있다. 고향에서 고등학교를 졸업하고 공직에 들어가 군에서 근무한 친구는 다행히 순탄한 길을 걸어 사무관까지 승진했다. 지난해 고향 마을 행사에서 만나 반갑게 인사했다. 반면에 도청에서 일하면서 사무관까지 승진한 한 친구는 갑자기 병가를 내고 쉰다는 소식에 안타까웠다.

대학 동기들 가운데 여자 동기의 아이들은 최근에 대학 입시를 시작하고 있다. 한둘인 아이들을 키우는 것도 쉬워 보이지 않는다. 대부분 착한 친구들이어선지 이혼 등의 소식은 많지 않다. 하지만 시대의 나쁜 고랑을 탔다는 이유인지, 여전히 빛이 잘 들지 않는 고랑을 걷고 있는 것을 알 수 있다. 가끔은 웅덩이도 있어서 발을 첨벙거리는 모습도 보인다.

퍼시픽경영자문 허수복 센터장이 2016년 8월 다음 브런치에 '2차 베이비 붐 세대, 대한민국 40대의 그늘'이라는 글을 올렸다. 그는 100만 세대가 대한민국 경제활동의 중추적 역할을 해야 하는데, IMF 이후 심화되는 양극화라는 큰 경제적 난관에 부딪혀 있다고 봤다. 이런 경험으로 인해 더 자유로워지려고 살았던 이 세대가 상대적으로 노후 준비가 되지 않아 큰 위기가 닥쳐올 수 있다고 본 것이다.

지금 100만 세대 가운데 허수복 센터장의 말이 남의 말로 들리는 이들은 많지 않을 것이다. 물론 필자도 예외는 아니다. 100만 세대 가운데 1969년생이 2020년이면 만으로 50세를 넘긴다. 이들의 40대는 특별한 경우를 제외하고는 쉽지 않았다고 생각한다. 나 역시 힘겹게 그 시기를 넘긴 한 사람으로 경의를 표한다.

06

100만 세대의 직업

11년 전인 2009년 방영된 현대차 그랜저의 광고는 사회적인 논란과 함께 많은 비난을 받았다.

'요즘 어떻게 지내냐는 친구의 말에 / 그랜저로 대답했습니다. / 당신의 오늘을 말해 줍니다.'

그랜저를 타면 잘 살고 있다는 의미라는 것을 간접적으로 한 말이지만, 그보다 무서운 것은 '당신의 직업이 당신입니다'라는 말일 것이다. 불안정한 세대인 만큼 안정적인 일자리에 대한 갈구도 강하다.

이 시대의 직업이나 다니는 회사는 그 사람의 대부분을 말해 준다. 하지만 100만 세대는 억울하다. 일단 가장 많이 태어난 죄로, 가장 치열하게 경쟁을 치러서 상급 학교에 진학했다. 30만 명이 태어나는 시대에는 30만 명이 명문대를 두고 경쟁하지만, 100만 명 시대에는 100만 명이 명문대를 두고 경쟁해야 하기 때문이다.

그런데 이렇게 어렵게 들어간 대학을 졸업하고서는 또다시 경쟁을 해야 한다. 통과할 수 있는 고시의 문은 같은데, 달려가는 이들은 훨씬 더 많기 때문이다. 공무원, 공기업 등 안정적인 직장도 마찬가지다. 그리고 IMF 관리체제라는 폭탄을 가장 세게 맞은 것도 100만 세대다. 100만 세대가 막 사회생활을 시작하는 시기에 이 폭탄이 중심부를 때렸다. 적지 않은 이들이 부상을 당했고, 낙오하기도 했다. 한참 후 공채 등이 다시 시작됐지만, 그 자리는 대부분 이제 대학을 졸업하는 후세대 출신을 위한 곳이 많았다.

당연히 일자리에서도 불안정할 수밖에 없었다. 나라고 다를 리 없었다. 그래서 대학 2학년 때 교직을 신청했다. 사범대학 국어교육과의 경우 졸업하면 모두 교사 자격증을 주는데, 일반 대학 학생 가운데도, 교사 관련 학점을 이수하면 정원의 30%에게는 교사 자격증이 주어졌다. 2학년이 시작될 때 신청하는데, 대부분의 학생들이 신청했다. 미래에 대한 불안감 때문에 나 역시 신청했고, 다행히 선발됐다. 21학점만 마치면 교사자격증을 받을 수 있었다.

그런데 1년간 12학점 정도를 이수하고 나서 고민이 생겼다. 계속해서 교직을 하느냐, 아니면 평소에 관심이 있던 정치외교학과로 부전공을 하느냐를 두고 고민하기 시작했다. 그때 나는 '나 자신이 정말 교사가 될 천성인가'를 스스로 물었고, 이후에 더는 교직학점을 더 듣지 않았다. 4학년이 되어 동기들이 교생실습을 떠날 때, 나도 해보고 싶다는 생각을 했지만 결국 이마저도 접었다. 해외에서도 교사 자격증이 있으면 할 수 있는 일은 많아진다.

이후 공무원 생활을 하면서도 안정적인 것에 대한 바람이 없었던 것은 아니다. 항상 안정을 위해 더 머물까와 나갈까를 고민했는데, 그때마다 밖을 선택했다. 더욱이 《노마드 라이프》를 출간한 후에는 나 스스로 정착민이 될 수는 없었다.

하지만 개인의 신념과 달리 남자든, 여자든 일자리는 생활을 위해 필수적인 일이다. 100만 세대의 전반기에서 후반기로 흘러가는 동기들(92학번) 가운데 활동을 알고 있는 이들을 생각하면 100만 세대의 일자리 불안을 대강 짐작할 수 있다.

동기들 가운데 몇몇은 대학원으로 진학해 강단에 서기 위해 노력했다. 하지만 100만 세대는 대학에서 안정적인 일자리로 가는 전임강사 자리 잡기 역시 무한 경쟁이었다. 전임강사, 부교수, 교수로 가는 기회를 잡지 못하면 일명 '보따리 장사'로 불리는 시간강사(외래교수, 초빙교수)로 전전해야 한다.

국회와 정부가 이들의 일자리 안정을 위해 '강사법'을 만들어 2019년 8월부터 적용했다. 명목적으로는 ◆강사에게 대학 교원의 지위를 부여하고 ◆대학은 강사를 1년 이상 임용해야 하며 ◆3년 동안 재임용 절차를 보장하는 등의 내용을 담고 있다. 그러나 3년 안에는 필수적으로 강사를 교체해 더 불안한 일자리를 만든다는 문제를 만들었다.

실제로 대학 입학 인구가 절대적으로 줄어드는 상황에서 대학 당국 역시 정규직 일자리를 만드는 것은 부담스럽기 때문이다. 이미 지방대학에는 미래에 대한 불안이 팽배한 곳이 대부분이고, 10년 후 학교가 존속하리라 자신하는 곳은 지방 국립대를 빼고는 어디에도 없다는 게 맞는 상황이다.

대학원에 간 동기만이 아니다. 앞서 말한 교직을 이수한 학생도 안정적인 교사직을 얻기 위해서는 임용고시에 합격해야 한다. 상대적으로 남학생은 사립학교 교사 자리를 쉽게 얻지만, 여학생은 필수적으로 임용고시에 합격해야만 '기간제 교사' 자리를 넘어설 수 있다. 하지만 임용고시는 가산점이 있는 사범대학 출신과 경쟁해야 하므로 낙타가 바늘구멍 들어가기만큼이나 힘들다.

100만 세대 가운데도 교대에 들어가 초등학교 교원 자격을 얻고, 사범대학에 들어가 중고등학교 교사 자격을 얻는 이들이 많다. 이들은 보통 1995년 이후 교단에 서기 시작했다. 100만 세대의 초기라 할 수 있는 1968년생들은 51살은 넘기고 있고, 1976년생들은 43살을 넘기고 있다. 그런데 이제 이들이라고 안심할 수 있는 상황은 아니다. 가장 무서운 것은 학교에 입학하는 학생 수가 준다는 것이다.

교육부가 내놓은 '2019 교육기본통계'에 따르면 유치원부터 고등학교 학생 수는 2010년 782만 3천여 명이던 숫자가 2019년은 613만 7천여 명으로 169만 명가량 줄었다. 초등학교만 봐도 2010년 330만 명가량이던 학생이 2019년 274만 7천여 명으로 55만 명가량 줄었다. 거기에 신규 교직자의 숫자는 지속적으로 늘

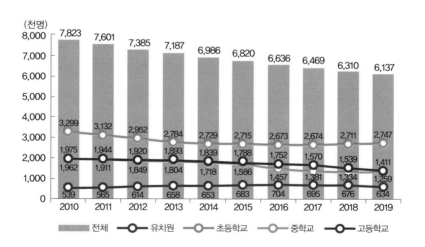

어나고 있다. 결국 시장은 좁아지는데, 들어오는 숫자가 많아지면 한 사람이 차지할 공간은 그만큼 줄어든다. 정부가 복지의 차원에서 교사 일인당 학생 수를 늘리는 정책을 펴고 있지만, 이역시 한계가 있기 때문이다.

일반 회사 생활을 시작한 동기들도 녹록하지 않기는 마찬가지다. 여자 동기의 경우 상당수는 육아로 인해 직장을 그만둔 경우가 많다. 아이들이 성장한 후에 새롭게 사회에 뛰어들지만, 이전의 일자리를 연결하는 경우는 거의 없고, 학습지 교사 등 저임금의 불안한 일자리에 뛰어든 경우가 대부분이다.

오히려 가장 안정적인 사람들은 초반기부터 사교육 시장에 뛰어들어 자리를 잡은 동기들이다. 다만 이들 가운데는 자존감을 잃어버린 경우가 많아 안타까움을 자아낸다.

100만 세대의 일자리에 대한 불안 가운데 가장 무서운 것은 이런 불안정함을 대물림할 수 있다는 것이다. 100만 세대의 자녀에 해당하는 '2차 에코붐 세대(91~96년생)'도 부모대와 비슷하게 일자리 찾기가 어려워지고 있다는 것이다. 2018년 1월 통계청이 내놓은 장래인구 추계에 따르면 2차 에코붐 세대 가운데 사회로 나오는 이들이 급증하는 반면에 민간 일자리는 늘어나지 않아 일자리 찾기가 쉽지 않다고 밝혔다.

특히 4차 산업혁명의 영향으로 일자리도 고숙련 전문직과 저숙련 단순 일자리의 두 종류로 양분화하고 있다는 것이 통계청 보고서의 골자다. 결과적으로 가장 힘들었던 100만 세대의 일자리 고통이 그들의 자녀들에게도 다시 도래할 수 있다는 것은 불안할 수밖에 없다.

하지만 이 역시 예측된 일이다. 빅데이터(Big Data) 전문가인 다음소프트 송길영 부사장은 '월급쟁이들의 시대가 사라지고, 프리랜서의 시대가 온다'라는 말로 미래 직업에 대해 설명했다. 이 이야기는 이미 현실이 됐다. 필자가 12월까지 일한 회사도 최근 대대적인 인원 축소를 감행했다. 나를 포함해 임원 중에 상당수가 옷을 벗었다. 인력 감축의 범위는 차, 부장급까지 내려갔다.

결국 100만 세대의 가장 후발세대까지 이미 직장에서의 위치를 위협받는다는 것이다. 임원들이야 계약을 하지 않으면 나가는 처지이지만, 아래 직급은 회사가 '희망퇴직'이라는 이름으로 인원을 감축한다. 말이 희망퇴직이지, 특정한 직원들에게 통보하는 이 요구를 받지 않기는 쉽지 않기 때문이다.

이런 상황에서 자신의 갈피를 잡지 못하면 위기에 빠질 수밖에 없다. 비단 퇴직한 100만 세대만의 문제가 아니다. 그들에게는 가정이 있다. 가장 큰 문제는 자존감이 약해질 수 있다는 것이다. 따라서 가족들은 퇴직자가 더 안정을 찾을 수 있도록 심리적으로 안정을 줘야 한다.

또한 가족이 같이 고민해 문제를 풀어가는 방향도 찾아야 한다. 필자의 여자 동기 가운데는 10여 년 전 호주로 이민을 떠난 친구가 있다. 남편은 학사 장교를 마치고 보험사에서 직장 생활을 했는데, 사회생활 전반이 여의치 않았던 듯하다. 결국은 10년 전 온 가족이 호주에 가서 지금까지 잘살고 있다. 커뮤니티를 통해 만난 친구는 비교적 안정된 삶을 살아가고 있었다.

다른 한 예로 필자보다는 한참 앞선 1차 베이비붐 세대인 선배의 경우도 참고할 만하다. 일간지 기자였던 그 선배는 마흔 초반에 부인과 자녀들이 호주로 유학을 떠나면서 기러기 아빠가 됐다. 그런 상황에서 앞날을 기약할 수 없었다. 그래서 선배가 선택한 것은 요리를 배운 것이다.

그는 초밥으로 유명한 한 호텔에 가서 보조로 일하기 시작했다. 물론 밤에만 가서 음식을 배웠다. 그리고 1년 후에 스스로 음식을 할 정도가 되자, 가족이 있는 호주로 떠났다. 시드니 한 대학 앞에서 '피노키오'라는 초밥집을 열었고, 일 년 정도 후에는 안정적인 상태가 됐다. 그 공간에서 새로운 것들에 흥미를 붙이고 살아간다. 바로 《마흔다섯 기러기아빠의 대한민국 탈출기》를 쓴 〈문화일보〉 출신 마태운 기자의 이야기다.

필자의 첫 직장 선배였던 한 사람은 캐나다 밴쿠버로 떠났다. 역시 마흔 즈음이다. 직장이 가진 정치적 파장에 지쳐서 캐나다 빅토리아로 이민을 갔다. 또래의 많은 한국 남자들이 그렇듯 도시의 사무실에서 분주하게 하루하루를 살던 평범한 샐러리맨으로 보냈다. 그런데 이국땅에서 시원한 바람을 맞으며 자연 속에서 일하고 싶어 부차트 가든(Butchart Gardens)을 선택했고, '절실한 눈빛' 하나로 정원사로 채용되었다. 《세상에서 가장 아름다운 일터》를 쓴 박상현 선배다.

이들이 선택한 길은 특별한 것은 아니다. 세상의 흐름에 따라 흘러갈 때 자신의 위치에 좌절하지 않고, 자연스럽게 몸을 맡겼다. 물론 자신에게 필요한 삶의 도구를 얻기 위해 노력했다. 마태운 기자는 요리를, 박상현 선배는 영어와 애절한 눈빛을 갖추었기 때문에 변화가 가능했다. 세상에서 한국만큼 치열하게 살아가는 나라는 많지 않다. 따라서 한국 밖에서 한국에서처럼 일하면 충분히 살아가는 데 지장이 없다.

07

100만 세대의 사랑

2000년은 100만 세대의 중심인 1970년생들이 나이 서른에 접어 드는 해였다. 이 해 9월 27일 〈동아일보〉에는 '작년 출산율 70년 이후 최저… 혼인 건수도 낮아져'라는 기사가 실렸다. 통계청 자료를 분석한 이 날 기사에서 "'99년 인구동태 결과'에 나타난 '평균 한국인' 남자는 29.1세, 여자는 26.3세에 결혼하고, 남자 40세, 여자 36.4세에 이혼 위기를 맞고 있다"라고 보도했다. 기사에서 언급한 '결혼 나이'는 1990년에 비해 남자는 1.3세, 여자는 1.5세 늘어난 것이다.

이때는 남자의 결혼 연령이 30살에 근접하는 시기였다. 물론이것은 모든 사람들의 통계였다. 필자의 고향 친구들의 흐름을 봤을 때 대학을 나온 친구들은 이보다 약간 늦고, 고등학교를 졸업한 친구들은 20대 후반에 결혼을 했다. 물론 여자 친구들은 남자보다 2~3년가량 빨랐다.

남녀가 만나서 사랑에 빠지고 결혼으로 가는 일은 적지 않은 난관이 있다. 여기서도 100만 세대는 사랑도 그다지 녹록한 것은 아니었다. 그 당시의 사랑을 가장 감성적으로 표현한 영화가 1997년 개봉한 장윤현 감독의 〈접속〉이다. 남자 주인공 한석규(동현 역)는 애인 영혜가 떠난 후 그리움으로 폐쇄적인 삶을 살고 있는 라디오 피디다. 여주인공 전도연(수현 역)은 친구 희진의 애인을 짝사랑하는 CATV 홈쇼핑 가이드다.

일상에서 부딪힐 일 없는 두 사람이지만 어느 날 전도연이 드라이브 중에 자동차 사고를 목격함과 동시에 그때 라디오에서 흘러나오는 음악에 매료되어 통신을 통해 그 음악을 신청한다. 동현은 그 사연을 보낸 이가 영혜일 수 있다는 생각에 PC통신으로 그녀와 접속한다.

서로를 알 수 없지만, 새로운 환경에서 메시지로 주고받는 감정을 통해 둘은 상대에 대한 호기심을 키운다. 그러던 중 한석규는 방송국의 일로 인해 사표를 내고, 호주로의 이민을 결심한다. 그리고 둘은 종로 3가 피카디리극장에서 영화를 보기로 약속한다. 처음이자 마지막일지 모르는 그 만남 앞에서 둘은 한참 동안 서로를 기다린다.

100만 세대의 청춘이 익어가는 30대 무렵에 나온 이 영화는 많은 이들의 감성을 자극했다. 나 역시 1995년부터 PC통신 하이텔을 주요한 근거지로 삼았기 때문에 더욱 그런 감성을 돌아보게 하는 영화였다. 물론 나의 아내 역시 그즈음 하이텔을 통해 알게 되어 친구가 되었기 때문에 그 감성은 우리 사이에도 다양하게 오버랩됐다.

그 세대들의 사랑은 조금 어중간했다. 가장 큰 이유는 두 사람의 사랑의 종착지를 찍을 수 있는 마지막 그림이 잘 나오지 않았기 때문이다. 대학 시절에 만난다면 남자가 군대에 다녀와 직장을 잡고, 2~3년쯤 지나 전세금의 기초 자금을 얻을 때쯤에 결혼을 생각하기 마련이다. 그러나 100만 세대 가운데 안정적으로 그런 흐름을 탄 사람은 많지 않았다.

그런데 PC통신과 2000년 이후 등장한 초반기 인터넷 커뮤니티

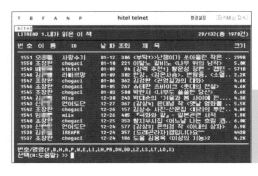

1996년 즈음 PC통신 하이텔에 서평을 연재하던 때의 캡처 화면. 필자는 20일 사이에 7편의 서평을 올릴 만큼 활발하게 글을 쓰던 때도 있었다.

인 네띠앙, 프리첼 등은 젊은 세대들에게 새로운 연애 관념을 심어주는데 적지 않은 역할을 했다. 과거라면 도저히 만날 가능성이 없었던 다양한 사람들을 매개하는 역할을 했다. 필자 역시 하이텔의 리터(문학)란에 서평을 쓰는 활동으로 적지 않은 팬층을 확보했고, 문화동호회인 이다와 문학 관련 동호회에 참여했다. 이들의 주 공간은 기존 신촌 등에서 좀 더 자유스러운 홍대 쪽으로 넘어오기 시작했다.

　하지만 이 시대의 사랑은 쉽사리 열매 맺지 못했다. 지난 몇 년 우리 방송 콘텐츠를 보면 100만 세대의 씁쓸한 사랑을 알 수 있다. 2016년부터 SBS에서 방송하는 〈미운 우리 새끼〉는 혼자 사는 남자 연예인인 김건모, 서장훈, 박수홍, 토니안, 이상민, 김종국 등이 중심 화자다. 이들은 혼자 살아서 어머니의 손길이 조금 필요한 남자들이다.
　또한 이 출연진의 대부분이 100만 세대들이다. 나이 든 엄마가 화자가 되어 싱글족 아들의 일상을 관찰하고, 모자지간의 유대 관계를 형성하여 순간을 오래오래 기록한다는 취지의 이 프로그램 속 남자들이 100만 세대이고, 시청자의 호응이 생긴 것은 시대적 상황과 맞았기 때문이다. 이 중에 노총각 느낌으로 공감이 많이 가는 김건모와 탁재훈(1968년생), 임원희와 박수홍(1970년생),

안재욱(1971년생), 김민종(1972년생), 이상민(1973년생), 김종국(1976년생) 등이 100만 세대라는 것도 피할 수 없는 사실이다.

역시 SBS에서 2015년 3월부터 방송하고 있는 〈불타는 청춘〉도 이런 100만 세대의 사랑관과 정서가 맞는다. 이제 나이를 먹은 하이틴 스타들이 1박 2일의 여행을 떠나 서로 자연스럽게 알아가며 진정한 친구가 되어가는 과정을 그리는 이 프로그램의 주요 출연진도 100만 세대다. 주요 출연진 중 김국진(1965년생)과 강수지(1967년생)는 앞 세대이지만, 김완선(1969년생), 이연수(1970년생), 최성국(1970년생), 구본승(1973년생) 등이 모두 100만 세대에 속한다.

당대 청장년층 예능·오락 프로그램에서 가장 장수하고, 시청률이 높은 솔로 중심 프로그램의 주 출연층이 100만 세대라는 것은 그들의 불안했던 사랑과 결혼을 증명하는 한 예라고 할 수 있다. 방송사도 이런 층을 주인공으로 삼을 수 있었던 가장 큰 이유도 그런 타깃층이 많다는 판단이 작용했기 때문이다. 또 다른 문제는 이들이 계속 외롭게 살게 해서는 안 되고, 사랑을 하거나 최소한 '연대는 하라'는 사회적 배려도 작용한 것으로 보인다.

이혼 역시 100만 세대 이야기의 중심에 있다. 당연히 필자의 주변에도 이혼을 선택한 사람들이 많이 있다. 성격 차이라는 명

분이 있지만, 생활고 등 다양한 문제가 있다. 또 어떤 이들은 상대의 불륜 등을 안 이후에도 덮어두고 살아가는 경우도 있다. 제일 큰 문제는 아이다. 아이가 상처를 받거나, 올바르게 성장하지 못할 수 있다는 우려가 있는 경우다. 또 다른 문제는 이혼할 경우 생길 수 있는 주택 문제 등도 상당히 부담스럽다.

이혼을 선택하지 않더라도 '졸혼' 등의 방식으로 살아가는 사람들도 있다. 나이가 들면서 두 사람이 큰 문제가 없다면 성(性)생활을 즐기지 않는 것도 한 문화다. 보통 1년 동안 월 1회 이하의 성관계를 갖는 부부를 '섹스리스(Sexless)'라고 부른다. 2016년 강동우 성의학연구소의 설문조사에 따르면 기혼자 743명 가운데 성관계가 월 1회 이하이거나 '성관계가 없다'고 응답한 비율을 더한 '섹스리스'는 36.1%로 나타났다. 연령이 올라갈수록 섹스리스의 비율도 높아져 50대 이상 기혼자는 43.9%에 달했다.

이제 100만 세대 부부의 절반 정도는 섹스리스라고 볼 수도 있다. 섹스리스 자체가 문제가 될 것은 없다. 문제는 부부가 이 상황에 무관한지다. 만약 한쪽이 더 빈번한 성관계를 원하는데, 한쪽이 거부해 섹스리스가 됐다면 갈등의 요소가 될 수 있다. 만약 이런 경우라면 다양한 성 관련 기법들이 있는 만큼 그런 기법을 찾아가는 게 부부관계의 파국을 막을 수 있다.

또 성관계에 상관없이 새로운 상대를 찾아서 관계를 맺기 원하는 사람들도 적지 않다. 물론 상대의 의사와 무관하게 직장에서의 상하관계를 이용해 이런 요구를 하는 것은 성폭력에 해당한다. 결과적으로 성욕은 자칫하면 그 사람을 사회에서 추방시키는 끔찍한 결과를 가져올 수도 있다. 그런 점에서 50대로 접어드는 100만 세대도 자신의 사랑에 대한 정리가 필요하다. 남자든 여자든 나이를 먹어간다는 것은 호르몬의 분비가 줄어들고, 다양한 욕망에서 멀어진다는 뜻이다.

한 연구에 따르면 죽을 것 같은 뜨거운 사랑도 시효 2년 6개월(뇌 화학 반응 기간, 런던 바스텔스 교수팀)이라는 과학적 연구 결과가 있다. 사랑의 가장 확실한 실천인 섹스 역시 유효기간이 있다. 물론 남자나 여자 모두 성욕이 있는 만큼 그것을 어떻게 해소할지에 대한 고민도 중요하다.

08

100만 세대의 경제

100만 세대가 태어날 무렵 그들의 부모는 보통 25살에서 30살 전후였을 것이다. 1970년생들의 부모님을 기준으로 봤을 때, 당시의 30살은 지금 80살(1940년생)을 바라보고 있다. 이들은 통산 2000년을 전후로 사회에서 은퇴했다. 또한 이들은 '중동 붐'이 일던 1970년에서 1980년 사이에 30대에서 40대였다. 모래 바람과 폭염 속에서 돈벌이에 뛰어든 이도 있었다. 남편은 중동에서 일하고, 아내는 고국에서 아이를 키우면서 작은 일이라도 해서 가사를 도우려 했다.

그런데 당시 출산율은 4명 정도였다. 과거와 달리 의료 조건이 좋아진 덕분에 큰 사고가 없다면 아이들은 자연스럽게 성장해줬다. 그리고 교육을 중시하는 나라답게 아이들 키우는 일은 만만치 않았다. 어지간하면 자식들은 꼭 대학 교육까지 시키려 노력했다. 지속적으로 대학진학률이 올라가 1995년에는 50% 선도 넘었다. 하지만 아이들을 키우느라 이 세대 역시 자신의 노년 준비를 할 수 없었다.

또한 이 세대 가운데 농촌 인구의 상당수가 도시로 이주했다. 이들은 서울 중심부로 갈 여력이 되지 않아, 안양, 안산, 인천 등 수도권역이나 의정부 등 아예 북쪽으로 향하는 이들이 많았다. 당시 수도권으로 오는 인구의 상당수는 전라도나 충청도 출신이었다. 시골에서 논과 밭, 집을 판 돈으로는 서울에서 집 장만은 언감생심이었다. 결국, 위성도시에서 서울로 일하러 다니면서 도시민이 되어가려 했다.

필자에게도 그런 친척이 많다. 내 6촌 집안이 주로 자리 잡은 곳은 아현동의 고지대나 미아삼거리 등 중심부에서 약간 떨어진 곳이었다. 수완이 있는 당숙들은 넥타이를 매고 출근했고 그러지 못한 이들은 대학 청소 등 단순 노동으로 생활해야 했다.

필자의 6촌 형제들은 대부분 나보다 한두 살 적었다. 이들 역시 100만 세대다. 하지만 내가 느꼈던 시대적 애매함을 이들이라고 겪지 않을 리 없었다. 특별히 공부를 잘해서 '사'자 다는 직업보다는 이런저런 전문 직종에서 살아간다. 결국 막연히 알았던 부가 대물림된다는 것을 확인하는 것은 어렵지 않았다.

2017년 3월 한국은행이 발간한 〈조사통계월보〉 2월호에는 '최근 베이비붐 세대의 주택소비행태 및 시사점' 보고서가 들어 있었다. 이 보고서의 주안점은 베이비붐 세대 가운데 한계가구의 비율은 2012년 4.5%에서 2016년 9.0%로 두 배 정도 뛰었다는 것이었다. 한계가구는 가처분소득(실소득) 대비 원리금 상환액 비율 (DSR)이 40%를 넘고, 금융 순자산이 마이너스인 가구를 의미한다. 결국, 소득으로 원리금을 갚는 데 어려움을 겪고 있고, 빚이 금융자산보다 많은 가계라는 의미다.

주요 연령대별 한계가구 비중

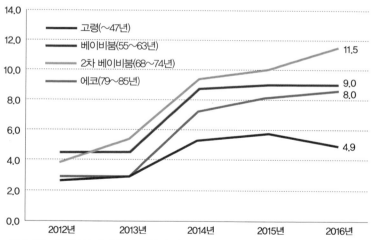

* 한계가구 : 가처분소득 대비 원리금상환액비율(DSR)이 40%를 초과하고 금융순자산이 마이너스(−)인 가구
* 자료 : 가계금융복지조사, 한국은행

주요 세대별 주거면적과 자가 비중

구분	평균 주거면적	자가 비중
고령(~1947년)	80.9㎡	65.7%
베이비붐(1955~63년)	82.4㎡	66.7%
2차 베이비붐(1968~74년)	76.4㎡	57.8%
에코(1979~1985년)	67.2㎡	41.7%

그런데 이 보고서에서 더 놀라운 것은 2차 베이비붐 세대 즉, 이 책에서 이야기하는 100만 세대다. 100만 세대는 1차 베이비부머의 9%보다 훨씬 높은 11.5%가 한계가구였다. 비교 대상인 '에코 세대(1979~85년생)'는 물론이고, 고령층(~1947년생)보다도 턱없이 높았다. 물론 향후 소득이 개선되어 자산이 늘어날 수 있는 가능성이 있다고 하지만 격차가 커지는 흐름이 말해주듯이 100만 세대의 경제 문제는 이미 심각하다는 것을 알 수 있다.

이런 흐름은 세대별 주거면적과 자가 비중에서도 우려스러운 부분이 있다. 이 조사에 따르면 평균 주거 면적은 베이비붐 세대가 82.4㎡(24.9평)로 2차 베이비붐 세대(76.4㎡·23.1평), 에코 세대(67.2㎡·20.3평)보다 컸다. 고령 세대(1947년 이전·2016년 69세 이상)의 경우 80.9㎡(24.5평)이었다. 그리고 자가 거주 비중도 베이비붐 세대가 66.7%로 가장 높았다. 제2차 베이비붐 세대는 57.8%,

에코 세대는 41.7%였다.

문제는 이 조사로부터 2년이 지난 지금까지도 이 흐름이 개선
될 가능성이 높지 않다는 것이다. 소득 증가율의 둔화와 자영업
자의 위기 등을 직접적으로 받는 100만 세대는 거주하는 면적이
나 자가 비중을 높이기 좀처럼 쉽지 않은 상황이다. 반면에 1차
베이비붐 세대나 에코 세대는 안정된 흐름을 타고 있다.

또 다른 문제는 100만 세대 역시 노후 준비에서 나을 게 없다
는 것이다. 공무원·교사·군인 출신은 직군별 연금이 있어 비교
적 안정적으로 노후 생활을 할 수 있다. 또 꾸준하게 직장 생활
을 한 사람들은 국민연금을 통해 어느 정도의 보장을 받을 수 있
다. 문제는 앞서 지적한 것처럼 시기적인 문제로 상당수의 100만
세대가 노후 준비를 하지 못했다는 것이다. 이런 상황도 문제지
만 질병이 찾아와 순식간에 삶의 기초를 흔들 수 있다는 과정도
배제하기 어렵다.

그 때문에 100만 세대 역시 재테크에서 무관할 수 없다. 특히
지금처럼 은행의 이자율이 낮은 상황이라면 저축은 오히려 손해
가 된다. 따라서 100만 세대도 재테크에 대한 관심을 가질 필요
가 있다.

《2020−2022 앞으로 3년, 투자의 미래》를 쓴 김영익 서강대 교

수는 지금은 무엇보다 투자를 공부해야 할 시기라고 말한다. 그런데 이런 상황에서도 국가마다 차이가 있다. 김 교수는 "일본인들은 은행 금리가 0%인 상황에도 자산의 53%를 은행에 맡긴다. 미국인들은 가계 자산의 13%를 은행에 맡기고 36%를 주식에 투자한다"고 차이를 말했다.

또한, 김 교수는 "그동안 《3년 후의 미래》, 《위험한 미래》라는 책을 출간하며 2~3년 후의 글로벌 경제와 금융시장 전망을 지속적으로 내놓았다. 이번에 3년을 설정한 것은 2020년 위기(자산 가격 급락) 후 2년 동안 자산 가격 상승으로 부를 축적할 수 있는 좋은 기회가 온다는 확신 때문이다. IMF 이후 현재 기준으로 650원이던 삼성전자에 3,000만 원을 투자했으면, 2019년 말 기준으로 20억 원으로 불어나 있을 것이다. 이 과실을 우리 투자가가 아닌 외국 자본들이 거둬들였다"면서 우리 국민들의 투자에 대한 관심을 요청했다.

그리고 김 교수는 부동산보다는 금융자산에 더 관심을 가질 것을 권하며 다음과 같이 말한다.

"전 세계적으로 자산 가격 거품이 발생하고 있다. 한국도 서울 강남을 중심으로 유사한 상태다. 40대가 부채로 집 사는 시기는 아닌 것 같다. 한국 가계 자산의 67%가 부동산인 상황인데, 인구 절벽까지 오는 상황에서 빚을 내 집을 사는 건 위험이 따른다."

그렇다면 김 교수는 기회를 어디에서 찾아낼까? 우선은 ETF (Exchange Traded Funds, 상장지수 펀드) 등 주식상품을 보라고 강조한다.

"한국 주식시장은 1997년과 2008년 금융위기 후 오히려 V자를 그리며 상승한 적이 있다. 그런데 앞으로는 한국에서 그런 기회를 잡기가 쉽지 않을 것 같다. 하지만 중국 등 신흥시장에서는 V자형 반등이 일어날 가능성이 많다. 이 분야에 직접 투자가 어렵다면 중국 ETF와 펀드도 괜찮고, 랩어카운트(Wrap Account, 종합자산관리)라는 상품도 괜찮다."

김 교수는 금융 투자를 권하지만 이런 판단도 쉬운 것은 아니다. 한국 장년들의 가장 부족한 부분이 자산관리나 투자이기 때문이다. 특히 주식 투자는 악몽이 많은 것이 사실이다. 하지만 필자의 친구 가운데는 오랜 시간 주식 시장을 공부한 후 원칙을 갖고 투자해 자산 불리기에 성공한 경우도 있다.

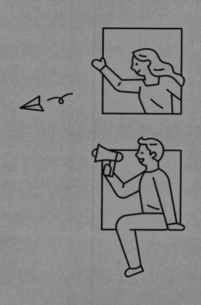

Part

2

100만 세대의

현재

01

바람의 언덕에 선 세대

지금까지 살아오면서 몇 번인가 '바람' 앞에 서 본 적이 있다. 1999년 가을, 부모님이 힘들게 해준 구파발 전셋집에서 아무런 보상을 받지 못하고 나설 때가 첫 번째였다. 두 번째는 2015년 11월, 5년여의 공직 생활을 마칠 때도 그랬다. 내심 단단한 척했지만 불안했다.

퇴직한 다음 주, 지인의 부탁으로 네이멍구 어얼둬쓰(鄂爾多斯)에 있는 칭기즈칸의 무덤에 갔다. 물론 시신이 있는 무덤이 아니라 칭기즈칸이 나중에 가묘를 만들라고 지시한 자리에 만든 묘다. 11월이지만 쌀쌀한 네이멍구 초원 바람을 맞으며 혼자서 500미터 정도 되는 묘까지 걸어갔다. 바람은 차가웠지만, 정신은 더 맑아졌다. 그렇게 돌아와 쓴 책이 《노마드 라이프》였다. 앞으로의 시대는 '유목민'으로 살아야 한다는 내용과 그렇게 살아가는 이야기를 썼다.

일자리의 미래에 관한 이야기가 많다. 국내에 출간된 《일자리의 미래》를 쓴 교수이자 저널리스트인 엘렌 러펠 셸(Ellen Ruppel Shell)은 책에서 몇 가지 통찰적인 지혜를 준다. 우선 얼마 되지 않아 4차 산업혁명과 인공지능(AI)으로 인해 일자리의 양극화가 발생한다는 것이다. 이 두 가지를 주재하는 층은 극상층이 되지만, 그간 사무를 보고, 일정한 노동을 하던 중산층은 할 일 자체를 잃게 된다는 뜻이다.

굳이 이런 복잡한 이야기를 하지 않아도 된다. 그간 우리 경제를 이끌어오던 대기업 가운데, 이후에도 지금의 능력을 보여줄 기업이 몇이나 남을까? 이미 자동차나 조선업 등이 위기를 맞은 데 이어 최근에는 반도체 분야도 서서히 위협받고 있는 상황이다.

결국 기업에서 일하는 100만 세대들은 국가 간의 산업 딜레마는 물론이고 기술 변화에 따라서 도태할 수밖에 없다. 이 일이 언제 올지 장담할 수 없지만 확실한 것은 우리 세대에도 닥칠 가능성이 높다는 것이다.

일반 직장에서 50살은 중요한 변곡점에 있는 나이다. 경우에 따라 임원을 달수도 있고, 부장급에 있을 수 있다. 물론 제조업의 경우 전문 분야에 있는 사람들은 이 나이에도 차장, 과장급에서도 자연스럽게 일하는 이들도 많다.

하지만 대부분 어려운 시기가 오면 나가줬으면 하는 눈치를 보이기에 십상인 나이다. 그런데 문제는 남자들의 나이 50살 정도면, 아이들이 대학생이 된 경우도 있지만, 중고등학교에 다니는 경우가 많다. 늦둥이가 있다면 초등학교에 다닐 수도 있다. 부양할 시간이 많은데, 자신이 그간에 몸담은 직장을 떠나, 낯선 곳으로 간다는 것은 두려울 수밖에 없다.

그런데도 직장에서 퇴직 압박이 있을 경우, 버틸 수 있는 이들은 많지 않다. 문제는 이런 상황이 다가왔을 때다. 이럴 때 자신을 지킬 수 있는 사람은 자신이 유일하다. 결국 '자존감의 문제'라고 하는 것이다. 또 위기가 다가왔을 때, 그 위기를 극복하고 자기로 돌아갈 수 있는 회복탄력성도 이에 못지않게 중요하다.

회복탄력성이 더 중요한 것은 다음을 나아갈 수 있는 힘을 주기 때문이다. 《회복탄력성 : 시련을 행운으로 바꾸는 마음 근력의 힘》을 저술한 김주환 교수는 이 책의 프롤로그에서 "회복탄력성은 반드시 성공하겠다는 강력한 의지를 지닌 상태가 아니다. 오히려 실패에 대해 두려움을 느끼지 않는 상태다. 자기 자신에 대한 깊은 성찰을 통해 자신의 행동에 대한 뚜렷한 목적의식과 방향성을 지니되, 그 목적 달성 여부에 얽매이거나 전전긍긍하지 않는 삶의 태도가 회복탄력성을 가져온다"라고 했다. 필자에게 가장 눈에 띄는 문구는 '자기 자신에 대한 깊은 성찰'과 '목적 달성 여부에 얽매이거나 전전긍긍하지 않는 삶의 태도'이다.

앞서 회고했듯이 우리 세대는 운이 없었다는 생각을 갖고 있다. 많은 사람들이 '운칠기삼(運七技三)'이라는 말을 은연중 믿고 있다. '사람이 살아가면서 일어나는 모든 일의 성패는 운에 달려 있는 것이지, 노력에 달려 있는 것이 아니다'라는 말은 100만 세대에게 가장 끔찍한 말이다. 하지만 이런 믿음도 깊게 성찰해보면 그저 자신의 실패를 변명하는 한 수단에 지나지 않는다.

또 실패했거나 도전을 앞두고 가장 의식하는 것은 남들의 시선이다. 사실 곰곰이 돌이켜보자. 자기가 주변 사람들의 성공과 실패를 놓고, 얼마나 그 사람들의 마음속에 들어갔는지를 살펴보자. 필자의 친구들 가운데 다양하게 사업해서 성공한 친구들이 있지만, 그들은 자신이 얻은 결실을 친구들과 나눌 마음이 추호도 없다. 또 실패했다고 할 경우 마음으로는 동정하지만 돌아서면 잊어버린다. 그들을 이해하고 같이하려는 마음보다 텔레비전에 나오는 국제구호단체의 후원 프로그램에 움직이는 게 사회인들의 일반적인 습성이다.

필자도 공무원으로 들어갔을 때나 기업의 임원으로 들어갔을 때, 주변에서 관심을 갖을지 알았다. 그런데 친구들은 물론이고, 집안 남매들도 단톡방에서 축하 인사 한번 던지는 것으로 끝난다. 현대인들은 자신과 직계 가족에게도 너무 많은 일이 있어 남들을 의식할 겨를이 없다. 결국 스스로 이겨가고, 극복하고, 즐기는 것이 일상이라는 것을 알아야 한다.

따라서 스스로 폭풍 앞에 설 경우 자신만을 생각해야 한다. 스스로 이겨낼 수 있다는 자신감이 있으면 도전할 수 있다. 반면에 자신이 없다면 다양한 차선들을 찾아야 한다. 100만 세대는 이제 50세를 앞뒤로 배치하고 있는 만큼 새로운 기회가 많지 않다. 또 새로운 일에 도전하는 것도 쉽지 않다는 생각을 한다.

하지만 앞으로 30~40년의 남은 생을 위해서 자신의 일을 다시 찾아보는 것은 나쁘지 않다. 다만 미래 사회의 변화하는 환경에 대해 최대한 배우고, 준비할 필요가 있다.

필자가 최근에 들었던 가장 신선한 전직의 사례도 그런 자세의 중요성을 말해준다. 아는 지인은 국내 유명기업의 VVIP를 관리하고 총괄하는 위치에 있었다. 그런데 1년 전 쯤 회사에서부터 급작스럽게 퇴직 요청이 왔다. 얼마 후 그 지인은 길거리를 지나다가 부인에게 물었다.

"저기 파는 귤, 하나에 5천 원이면 저게 모두 얼마나 할까?"

부인은 어이가 없었다. 한 바구니에 5천 원짜리인 귤을 한 개에 5천 원으로 착각한 것이다. 그런데 놀라운 반전이 있었다.

얼마 후 이 지인은 전기기사 자격증에 도전해 합격했다. 그런데 취직을 한 것이 아니라, 그가 사는 마을에 작은 가게를 얻어 전파사를 차렸다. 그리고 마을 사람들이 가지고 오는 소소한 물건을 몇 천 원씩 받고 고쳐주기도 한다. 세상 물정은 모르지만, 자신의 삶에 대한 자랑이 있었기 때문에 가능한 일이다.

서울 출신으로 백화점 VVIP만 상대하던 사람이 전기공으로 변신하는 것은 그만큼 놀라웠다. 이런 일은 부가가치가 없는 것으로 보이지만 향후 일어날 노령화 시대에는 효과적인 벌이 수단이 될 것이다. 시간이 지날수록 도시의 인프라는 낡아지는데, 그 인프라를 다시 하는 것에는 한계가 있다. 그 경우 전기나 수도, 가스 등은 잦은 고장으로 골칫거리가 될 것이다. 이 일은 로봇이나 인공지능이 할 수 있는 일이 아니다. 결국 사람들이 와서 자잘한 일을 봐야만 수리될 수 있다. 이런 일을 할 수 있는 기능이 있다면 당연히 나중에 지속적인 생계 수단이 될 수 있다. 그런 점에서 지인의 새로운 선택은 현명했다고 할 수 있다.

사람마다 닥치는 고난과 장벽의 차이는 크다. 물론 더 큰 일을 할 수 있다면 좋겠지만 작은 일도 분명한 미래가치가 있다. 자신에게 맞는 새로운 언덕을 잘 선택하는 것은 그만큼 중요하다.

100만 세대의 무기

필자는 《노마드 라이프》에서 '진정한 노마드가 되기 위해 갖추어야 할 몇 가지'를 정리했다.

첫째, 독서 활동을 통해 자기 정체성을 만들라.

둘째, 글을 쓰고 SNS로 소통하라.

셋째, 기획력을 기르라.

넷째, 전문적인 능력 하나 정도는 갖추라.

다섯째, 외국어도 한두 개쯤 하라.

여섯째, 인맥 관리에 최선을 다하라.

일곱째, 강연할 수 있는 능력이 있다면 더 많은 기회가 보장된다.

마지막으로, 회복탄력성을 갖추라.

100만 세대에게 한번 물어보자. 당신은 세상을 살아가기 위해 어떤 무기를 갖고 있는가? 나는 게임을 하지 않아서 잘 모르지만, 게임을 하는 사람은 무기, 즉 아이템이라고 하면 쉽게 이야기할 수 있다. 고가에도 거래된다는 이 아이템은 남들과 경쟁에서 승리할 수 있는 방법이다. 무술 하는 이를 총을 가진 이가 제압하고, 총 가진 이를 대포 가진 이가 제압하고, 대포 가진 이를 미사일 가진 이가 제압하듯 앞선 기술과 강력한 무기는 사람들이 살아가는 데 힘이 된다.

마찬가지로 100만 세대도 당연히 자신이 가진 무기가 무엇인가를 고민해야 한다. 그리고 그 경쟁력은 앞에 말한 요소들을 자신에게 물어볼 필요가 있다. 우선 앞에서 밝힌 독서나 글쓰기 습관을 들이면 좋다. 반면에 SNS 활동은 자신이 존재한다면 꼭 잘 활용하는 게 좋다.

지난해 겨울이 올 무렵, 필자가 일했던 회사에서 마케팅 전문가 특강이 있었다. 특강을 진행한 강사는 이 분야에 상당한 전문가로 회사와 직원들의 역량에 있어서 SNS 활용능력을 강조했다. 강의가 끝나고 사람들은 수군수군하면서 나왔다. 물론 1년 후에 다른 마케팅 강사가 와서 말해도 비슷할 것이다. 중요할 수 있다는 것은 알지만, 그것을 실행할 액션 플랜도 없고, 직원 평가에 적용하지 않기 때문이다.

지금 일하는 회사는 1년 사이에도 수억 원의 예산을 들여서 홈페이지를 개편하고, SNS를 개편했다. 하지만 전체 방문자나 얻어지는 효과는 솔직히 내 개인 페이스북을 통해서 만들어지는 것보다 못할 것이다.

필자가 업무상 네트워크로 활용하는 툴은 페이스북이다. 내 페이스북 친구에는 부동산 개발, 투자유치, 언론, 학계 등 상당한 여론 주도층 중심으로 5,000명이 있다. 나는 내 활동이나 스토리텔링, 동향, 프로젝트 등을 가능한 실시간으로 올리려 노력한다. 물론 이 습관은 새만금개발청을 나오면서부터 더 체계적으로 했다. 때문에 각종 포럼이나 특화된 행사를 참석했을 때, 상대방은 대부분 내가 어떻게 지내고, 무엇을 하는지 알고 있다. 또한 나는 내 일에 대한 자부심을 갖고 있어서 나와 관련된 내용을 문의하는 것도 자연스럽다.

SNS의 장점은 다양하게 네트워크로 연결되어 있어서 지인들의 다른 활동 등도 연결해 링크할 수 있다. 결국 회사는 직원들이 가진 역량을 자기화해 미래 동력으로 삼는 것이 아닌 각 분야 전문가들이 말하는 요소를 부러워할 뿐이다.

각자의 취향에 따라 페이스북에 능한 직원도 있고, 인스타그램에 능한 직원, 트위터에 능한 직원도 있다. 내부의 이런 능력을 활용해 조직으로 확산하는 게 가장 현명하다. 하지만 대부분은 그저 전문가가 말하는 부분만을 부러워하며 허송세월을 보낸다.

100만 세대가 꼭 주목할 내용은 전문 능력이다. 필자가 말하는 전문 능력은 변호사나 회계사 같은 전문 직군의 능력을 말하는 것이 아니다. 반년 정도만 익히면 합격할 수 있는 능력이면 충분하다. 가령 한식 조리사 자격증, 용접 자격증, 한국어 교사 능력 자격증, 바리스타 자격증, 미용사 자격증, 가스 기능사, 농기계운전기능사, 도배기능사. 미장기능사, 배관 기능사, 수산 양식 기능사, 원예 기능사, 임업종묘 기능사 등이다. 어떤 곳에서는 심리상담사, 코딩지도사, 독서지도사 같은 인문 자격증을 말한다. 하지만 이런 자격증보다는 국가에 상관없이 일할 수 있는 전문 능력이 훨씬 효과적이다.

한국인들은 손재주에 있어서는 나름 탁월하다는 평가를 받는다. 운동 분야에서도 마찬가지다. 양궁, 골프 같이 세계를 제패하는 운동도 있지만 다양한 부분에서 쉽게 익히고 리드한다. 100만 세대라고 해서 꼭 한국에 있을 이유는 없다. 아이들을 위해서, 자신의 변화를 위해서 해외를 선택하는 것도 한 방법이다. 그때 이런 전문 능력은 큰 도움이 된다. 한국에서처럼 일한다면 몇 년 되지 않아 부자가 되어 인생 역전도 가능하다. 150년 전부터 원하든

원하지 않았든 해외에서 살고 있는 선험자들이 증명하고 있다.

이런 전문 능력은 국내에서도 유효하다. 여전히 미련이 많은 도시에서의 삶은 갈수록 힘들어질 것이다. 특히 변두리 지역부터 슬럼화가 진행되면 도시의 삶은 더욱 빈곤해진다. 수도권에서 폐지를 줍는 사람들의 월수입이 10만 원대라는 것은 자신의 이야기가 될 수 있다.

이때 지역은 선택할 수 있는 가능성이 있다. 지방소멸을 앞둔 지자체들이 다양한 혜택으로 사람들을 부른다. 과거에는 젊은 층을 부르고 싶어 했지만, 최근에는 중장년층도 환영한다. 인구가 없는 농어촌은 마을 단위로 공동지원시설이 잘 갖추어진 곳이 많아, 거의 생활비 없이도 살 수 있는 곳이 많다. 게다가 농사일에 참여할 경우 노인들도 일당 7~8만 원을 받기 때문에 사는데 거의 지장이 없다.

농한기에도 가동 공장 등이 있어서 장년층도 일거리를 보장받는 지역이 많다. 만약 농어촌 등지에서 일할 수 있는 자격증이 있다면 당연히 노동 강도는 줄이면서 더 높은 대우를 받을 수 있다. 농기계 운전 기능사, 원예 기능사, 임업종묘 기능사 등 농어촌 관련 기능사도 많기 때문이다.

《정해진 미래 : 인구학이 말하는 10년 후 한국 그리고 생존전략》

을 쓴 서울대 조영태 교수는 인구 변화를 기초로 미래를 이야기하는 대표적인 인물이다. 그는 한 인터뷰에서 당시 중학교 3학년과 초등학교 6학년에 올라가는 두 딸에게 사교육을 시키지 않으며 농업고등학교에 보내고 싶다고 말해서 주목을 받았다.

필자도 이 말에 100% 동의한다. 나 역시 지금 고3인 내 아이에게도 이런 길을 권하고 싶지만 인문학을 좋아하고, 역사를 전공하니 일단은 원하는 방향으로 가게 한다. 나중에 대학에 입학하면 한국의 대학 공부에 몰두하기보다는 7살까지 살면서 자연스럽게 익힌 중국어 실력을 복원하게 하기 위해 중국으로 유학을 보내고 싶다. 물론 아이가 원할 때 가능하다.

100만 세대도 이런 관점에서 본다면 미래가 아예 없는 것은 아니다. 그리고 100만 세대가 살아갈 수 있는 미래 먹거리에 관해서는 제3장에서 좀 더 숙고해볼 생각이다. 아울러 지금의 농촌에서 하는 일을 과거처럼 허리도 펴지 않고 하는 엄혹한 노동이라고 볼 필요가 없다. 상당 부분의 작업은 기계를 통해 해결한다.

SNS를 통한 소통이든 전문 능력 자격이든 미래를 생각한다면 일자리의 미래를 잘 고민해야 한다.

"앞으로 인간이 할 수 있는 일은, 사람을 돌보는 일 외에는 별다른 일이 없다"라는 말을 나는 자주 한다. 아직은 로봇이 인간의 역할을 하는 데 한계가 있지만 자연스럽게 대체해가고 있다.

또 4차 산업혁명으로 인한 공간 혁명은 인간의 노동을 최소화시킨다. 과거 사람들이 어렵사리 연결하던 고가도로의 위험한 작업도 지금은 드론 등 첨단장비를 통해 해결한다. 이런 세상 속에서 자신의 무기가 무엇인지를 찾아내는 게 남은 30~40년의 행복을 결정짓는다.

그렇다면 과연 나에게는 어떤 무기가 있을까. 책을 쓰거나 강의를 통해 전문 강사로서의 역할을 할 수 있다. 집필한 책 중에 중국 여행책이 많으니 훗날에는 전문 중국 여행 가이드로 살아갈 수 있다. 물론 여행사가 있어서 관련 일을 할 수도 있다. 하지만 십수 년을 운영해본 결과, 주업으로 생각하고 싶지는 않으며 60살이 넘으면 할 수 있다.

필자의 지인 가운데는 앞서 말한 중국 여행 전문 가이드로 살아가는 형이 있다. 중국 여행을 하면서 EBS 세계 테마기행에 몇 번 출연하면서 그 분야에서 이름을 얻었다. 몇 곳에서 여행 동행을 부탁해서 같이했고, 이후에는 사람들의 꼬리에서 꼬리를 무는 방식으로 여행을 인솔하고 있다. 여행한 기록은 자신의 홈페이지나 페이스북 등에 꾸준히 올리는 만큼 그가 하는 여행의 가치를 지인들은 자연스럽게 느낄 수 있다. 관련 저서도 3권 집필하고, 일간지에 관련 여행기를 연재하면서 지명도는 더 높아졌다.

큰돈은 아니더라도 자연스럽게 여행을 인솔하면서 수익이 생기고, 살아갈 수 있다. '여우위에'라는 홈페이지(www.youyue. co.kr)를 운영하고 있는 최종명 형이다. 나는 농담으로 이 형에게 "형은 전생에 나라를 구한 것 같다"고 말한 적이 있다. 중국 곳곳의 다양한 문화를 보고, 느끼고, 기록할 수 있는 것은 아무에게나 찾아오는 행운은 아니기 때문이다. 사실은 내가 생각하는 인생 2모작에는 최종명 형과 같은 삶이 있다.

다른 한편으로는 이미 몇 번 경험한 공직자의 길을 다시 가서, 더 큰 역할을 하고 싶은 목표도 있다. 물론 이것은 다양한 과정 속에서 이뤄질 수 있을 것이다.

03

100만 세대의 정치

우리나라에서 100만 세대는 정치에서도 그다지 행복하지 못했다. 나이가 50세 정도면 이제 정치권에서도 나름대로 위상을 갖출 시기다. 그런데 막상 대표적인 100만 세대 정치인을 꼽으라면 생각나는 사람이 많지 않다.

우선 한국의 국회의원 가운데 1968년(52살)에서 1976년(46살) 사이 연령대 의원은 많지 않다. 가장 큰 이유는 우리 정치권에 100만 세대가 들어갈 수 있는 기회가 많지 않았다는 것이다. 현 여당은 두 번의 큰 문호 개방이 있었는데 먼저 김대중 전 대통령에 의해서고, 그다음은 노무현 전 대통령의 탄핵 후인 2004년 치러진 17대 국회의원 선거에서다. 이 선거에서 여당인 열린우리당은 152석을 차지해 과반을 넘었고, 야당인 한나라당은 121석에 그쳤다.

그런데 그때 영입된 젊은 정치인은 대부분 1차 베이비붐 세대나 80년대 초반기 학생 운동권 지도자였다. 대표적인 인물로 임종석, 김영춘, 오영식, 정봉주, 우상호, 정청래, 이인영, 송영길, 최성, 안민석, 이광재, 복기왕, 한병도 등이 있다. 이 가운데 복기왕 의원(1968년생)과 한병도 의원(1967년생)만 청년층이었고, 다른 사람들은 베이비붐 세대였다.

이후 이명박, 박근혜 시대에 치러진 총선에서는 100만 세대가 접근할 수 있는 통로가 더욱더 작아졌다. 이 결과 2016년 치러진 20대 국회의원 선거에서 살아남은 100만 세대(1968~76년 사이 출생) 국회의원은 누가 있을까? 20대 의원 가운데 100만 세대는 29명으로 전 의원의 10%에 약간 못 미친다. 이중 여당인 더불어민주당 소속은 총 14명이며 박홍근(1969년), 박용진(1971년), 박주민(1973년), 강병원(1971년), 전재수(1971년), 조승래(1968년), 김병관(1973년), 김정우(1968년), 강훈식(1973년), 오영훈(1968년), 위성곤(1968년), 이재정(1974년/비례), 문미옥(1968년/비례), 제윤경(1971년/비례) 등이다.

또한, 야당에서 100만 세대는 15명으로 조경태(1968년), 오신환(1971년), 하태경(1968년), 김세연(1972년), 권은희(1974년), 이언주(1972년), 유의동(1971년), 김성원(1973년), 김관영(1969년), 이용주(1968년), 손금주(1971년), 전희경(1975년/비례), 김현아(1969년/비례), 채이배(1975년/비례), 추혜선(1971년) 등이 있다(이상 순서는 국회수첩 기재 순).

100만 세대가 50세 전후라는 점에서 그다지 높은 비율을 차지한다고 할 수 없다. 현역 의원 가운데는 1967년생이 의외로 많은데 그 수가 12명인 점을 감안하면 아직까지 100만 세대의 정치 진출은 낮다고 볼 수 있다.

정치권에서 중견 세력이 되어야 할 나이이지만, 100만 세대가 정치권에서 차지하는 존재감은 그리 크지 않다. 일부 의원들은 특정한 분야에서 활발한 활동을 벌이고 있지만, 차세대라고 불릴 만큼 두터운 정치층을 형성하지 못하고 있다. 이런 상황이 개선되지 않을 경우 차기 선거에서는 1차 베이비붐 세대에 치이고, 에코세대나 밀레니엄 세대로 불리는 신진세대에게 정치적 주도권을 넘기는 패싱(Passing) 현상이 일어날 수도 있다.

그렇다고 100만 세대가 정치적 아젠다(Agenda)에서 무감한 세대는 아니다. 촛불혁명을 만들어내고, 지금도 여론 주도에 상당한 영향을 미치는 김어준(1968년), 주진우(1973년), 김용민(1974년), 이동형(1976년생) 등이 모두 100만 세대다. 이 밖에도 시사 팟캐스트 '새가 날아든다', '정치 신세계', '청정구역', '뉴비씨' 등을 이끄는 연령대는 대부분 100만 세대이기 때문에 이들의 정치적 감각이 낮다고 할 수는 없다.

지난 대선에서부터 촛불혁명을 거쳐서, 최근까지 이들이 펼치는 활동은 우리나라 정치 지형도를 형성하는 데 있어서 적지 않은 역할을 했다. 이들의 활약은 문재인 정부 들어서도 큰 비중을 차치한다. TBS 〈김어준의 뉴스공장〉이나 YTN 라디오 〈이동형의 뉴스정면승부〉, KBS 라디오 〈김용민 라이브〉 등은 재야에서 뛰던 100만 세대들이 제도권 언론에 뛰어들어서도 충분한 경쟁력을 보여줄 수 있다는 것을 증명했다.

특히 이들은 기존 매체는 물론이고 팟캐스트라는 새로운 매체의 헤게모니(Hegemonie, 주도권)를 쥐었다. 다양한 정치 이슈에서 보수 언론에 맞서서 자신들의 주장을 펼쳤고, 시사에 대한 균형추를 맞추는 데 큰 역할을 했다.

하지만 이들의 활동과 100만 세대의 정치적 세력화는 별반 관계가 없다. 20대에서 100만 세대 국회의원 등이 보여준 활동을 보면, 이 세대가 기존 1차 베이비부머와 에코세대 사이에서 꼭 정치적으로 필요한 존재인가를 보여주는 데는 실패했다. 오히려 당적을 옮기면서 정체성이 흐트러지는 모습을 보인 의원 가운데 100만 세대가 많았고, 전문가 역량을 보인다고 정치권에 뛰어들었지만 지나치게 좌, 우 편향적이거나 특정한 계층을 옹호하는

데 앞장선 이들도 많았다. 젊은 층에 속하는 정치인임에도 불구하고, 별다른 존재감 없이 4년여를 보낸 정치인들도 적지 않다.

100만 세대에게 있어 자신들의 입장을 대변해줄 수 있는 정치 세력이 없다는 것은 상대적으로 그들에 대한 정치적 소외를 불러올 수 있다는 우려를 낳게 한다. 100만 세대 정치인이라고 해서 꼭 비슷한 연령대를 위한 정치를 할 필요는 없다. 우리나라 국회의원이 지역 기반의 정치를 하는 만큼 본질에 충실하면 된다. 다만 국회의원은 사회가 가진 구조를 파악하고, 그에 맞는 대안과 비전을 제시하는 게 바람직하다.

1차 베이비부머에 이어 가장 큰 계층 구조로 되어 있고, 기반도 허약한 100만 세대의 미래가 어둡다면 이 나라의 미래도 불안한 것은 당연하다. 더욱이 급속한 노령화로 인해 젊은 유권자의 유입이 줄어드는 상황에서도 100만 세대의 정치적 힘은 상당하다.

한마디로 말해서 100만 세대가 어느 방향으로 가느냐에 따라 우리 정치 지형은 순식간에 바뀔 수 있다. 만약 100만 세대가 정치 상황에 회의를 품고 보수적인 세력으로 바뀌면 우리 정치는 순식간에 그 방향으로 흘러갈 수 있다. 또한 100만 세대들이 촛불혁명에서 보여줬던 역동적 자세를 잃지 않는다면 우리 사회는 균형추를 잡으면서 새로운 동력을 만들어갈 수 있다.

2020년 4월 15일에 치러지는 21대 총선은 100만 세대들에게 있어 정치적 역할이 필요한 중요한 기회다. 만약 이번 총선에서 일정한 정도의 인원이 국회에 진출하지 못하면 다음번에는 근 60세에 가까워지는 만큼 정치적 위치를 잡기가 쉽지 않다.

하지만 쉬워 보이지는 않는다. 여당인 더불어민주당 지도부에서 50대 전후의 세력을 만들려는 의지를 보여줄 사람이 많지 않기 때문이다. 미래통합당(옛 자유한국당)도 상황은 비슷하다. 수도권과 영남에서 사활을 건 대결을 벌여야 하는 만큼 젊은 세대보다는 무게감이 있는 인사를 선택할 가능성이 있다.

특히 영남의 경우 나이가 있는 기존 의원들이 대부분을 차지하는 상태다. 비교적 젊은 층에 속했던 1972년생 김세연 의원(부산 금정)도 불출마 선언을 한 상황이라 100만 세대 국회의원이 나오는 것조차 쉽지 않을 전망이다.

04

100만 세대의 문화

필자가 1년여의 방위 생활로 군복무를 마치고 다시 서울로 올라온 것은 1991년 11월이 오던 때였다. 이미 건강이 많이 안 좋아지신 아버지와 가을걷이를 했다. 불과 1년 전만 해도 70킬로그램대였던 몸무게가 어느 때는 50킬로그램대까지 떨어졌다. 천하에 두려울 것 없던 내가 처음으로 고민으로 인해 살까지 빠진 유일한 시간이었다.

1991년은 100만 세대들이 대학 생활을 하거나 대학 진학을 준비하던 시간이다. 필자도 서울역 앞 대일학원 골목에 있는 독서실에 둥지를 틀고, 대입을 준비했다. 부모님도 별다른 기대가 없어서 그저 막연히 생각하던 국어국문학과를 목표로 삼고 시험준비를 했다. 앞으로 시험까지는 한 달 반여의 시간이 남아 있었다. 나름 '공부다운 공부'를 하던 첫 기억이다.

당시 주말이면 서울에서 방위 생활을 하던 친구 천호가 학원 근처로 찾아와 외로움을 달래주었다. 우리는 학원 인근에 있는 '애니악'이라는 카페에 가서 차를 마셨다. 그 카페의 한 쪽에는 디제이가 있어서 신청하는 사연과 노래를 틀어줬다. 나는 내 처지를 가장 대변하는 멜라니 사프카(Melanie Safka)의 〈The Saddest Thing〉을 신청하길 좋아했다.

그 시절 초겨울에 유행하던 노래는 김현식의 유작 〈내 사랑 내 곁에〉와 스콜피언스의 〈Wind Of Change〉였다. 당시 구소련이 붕괴하는 등 확실히 변화의 바람이 불고 있었다.

100만 세대에게 문화는 사실상 막연하게 지나가는 뜬구름 같았다. 굳이 이름 붙일 필요가 없는 시대였다. 고등학교 시절에 팝송을 좋아하는 친구들이 한둘 있었지만 일반적이지는 않았다. 기억 속에 있는 외국 가수는 조지 마이클, 런던 보이즈, 머라이어 캐리, 마돈나, 보이즈투맨 등 정도였다. 대학에 들어가서는 더 넓게 친구들과 문화라는 것을 만날 수 있었다. 하지만 천성에 따라 음악을 듣는 것이 달랐다.

100만 세대의 문화적 감수성에 가장 영향을 준 절대적인 것은 1992년 3월 29일 첫 앨범을 발표한 '서태지와 아이들'이었다.

1972년생으로 100만 세대의 중간에 있는 서태지는 원래 그룹 시나위의 베이시스트로 활동하다가 해체되면서 당시 세계적으로 유행하던 랩 음악에 심취했고, 자기화하는 과정을 거쳤다. 이름은 서태지와 아이들이었지만, 그와 동행한 이주노는 1967년생이고, 양현석은 1970년생이었다.

전혀 생소한 서태지의 음악은 기존 성인가요와 발라드 위주로 되어 있던 우리 대중음악계를 바꾸었다. 대중 음악계의 지분 상당 부분이 10대 취향의 댄스음악 위주로 재편되었다. 놀라운 것은 서구 대중음악의 소비층이었던 우리 대중음악계가 각성하기 시작한 것이다.

이때 시작된 흐름은 아이돌 음악을 태동할 수 있는 근거를 만들었고, 이 흐름을 주도한 사람들도 100만 세대다. JYP엔터테인먼트를 만든 박진영(1971년생), BTS(방탄소년단)를 만든 방시혁(1972년생), 프로젝트 그룹인 토이를 만든 유희열(1971년생) 등이 모두 100만 세대라는 것은, 당시 이들이 접한 문화의 흐름을 알 수 있게 한다.

1990년대 후반 H.O.T, 젝스키스, NRG, 지누션, 신화 등 보이그룹과 S.E.S, 핑클, 베이비복스 같은 걸그룹을 이수만(1952년생) 등 선배 세대가 만들었다면, 앞서 말한 100만 세대는 이 문화를 세계로 확산시키는 기획자 역할을 확실하게 했다.

100만 세대 작가들은 앞 세대들이 가진 시대의 고통을 느끼기도 하고, 새로운 패턴으로 자신의 이야기를 만들어야 했다. 대표적인 작가인 한강(1970년생), 김영하(1968년생), 김연수(1970년생)의 작품 세계를 보면 그 느낌을 알 수 있다.

소설가 한승원 선생의 딸인 한강은 1980년 광주민주화운동을 의식에서 깊게 받아들인 마지막 세대다. 《채식주의자》로 알려진 소설가 한강의 대표작인 《소년이 온다》는 광주항쟁이 어떻게 이해될 수 있는가 하는 질문을 초점으로 현재 시점에서 광주항쟁을 겪은 다양한 시각을 표현한 작품이다.

또한, 방송인으로 한 획을 긋고 있는 소설가 김영하는 그를 알린 《나는 나를 파괴할 권리가 있다》부터 독특한 소설 세계로 독자들에게 다가간 작가다. 특히 역사를 배경으로 한 추리소설인 《아랑은 왜》, 독특한 정신세계를 다룬 《살인자의 기억법》 등으로 자신만의 작품 세계를 구축했으며, 여행 산문집 등으로도 많은 공감을 얻고 있다.

그가 유시민 등과 함께 방송에 활약할 수 있는 것은 다양한 대중문화의 상식을 바탕으로 시청자가 공감할 수 있는 것을 끄집어내기 때문이다. 작가 김연수 역시 기자로 사회에 나와서 전업 작가가 된 드문 케이스다. 중국 동북지방 항일운동을 취재해서 쓴 《밤은 노래한다》와 당대 사회적 문제를 다룬 《시절일기》 등은 개인과 사회를 연결하려는 의지의 산물이다.

이런 모습은 대중적으로 인지도를 얻은 100만 세대 방송인들 사이에도 있다. 방송인 유재석(1972년생)이나 김제동(1974년생)이 대표적이다. 유재석은 타인에 대한 배려심이 깊고, 자기 통제력을 갖춘 모범적 예능인으로 깊은 인상을 남겼다. 장르를 구분하지 않고, 최선을 다하는 모습으로 방송계에서는 20년 가까이 일인자 자리를 지키는 연예인이다.

반면에 김제동은 좀 더 사회 참여적인 인물로 각인되어 이전 정권 시기에는 블랙리스트에 올라 활동조차 자유롭지 않았다. 하지만 그런 상황에서도 자신의 신념을 지키면서 독특한 캐릭터를 유지하고 있다. 유재석이 방송인과 결혼에 지극히 가정적인 모습이라면, 김제동은 독신으로 지낼지라도 사회에 별문제가 없다는 독특한 인상을 주고 있다.

작가든 연예인이든 100만 세대의 가장 큰 특징은 사회와 개인 사이에서 적정히 자신을 둬야 하는 것을 알 수 있다. 결과적으로 100만 세대가 만든 문화도 이런 상황에서 위치했다. 반면에 방시혁(1972년생)처럼 BTS(방탄소년단)라는 가장 보편적이면서 세계적인 캐릭터를 만들어가는 힘도 100만 세대가 주축이 됐다.

그럼 100만 세대의 문화 소비는 어떨까. 마케팅 트렌드 분석

업체인 오픈애즈는 2017년 7월에 당시 40대 마케팅 트렌드 모음집을 발간했다. 이때 트렌드 키워드로 나온 것을 살펴보자. 우선 '뉴노멀 중년'이다. 이는 자기 계발, 취미활동 등 나를 위한 소비를 하는 사람이 늘어난다는 뜻이다. '줌마렐라'는 적극적인 성향과 경제적 능력을 갖춘 아줌마지만 신데렐라처럼 아름답고 진취적인 기혼여성을 말했다. 상대편에는 안정된 경제력으로 자신에게 투자를 아끼지 않는 '아재슈머(아재+컨슈머)'가 있었다. 이 밖에도 '아재파탈', '영포티(젊게 살고 싶어 하는 1972년생 전후)'도 있다.

05

100만 세대의 아이들

우리는 어릴 적부터 부생모육지은(父生母育之恩)이라는 말을 많이 듣고 자랐다. 그런데 '아버지가 낳고 어머니가 길러준다'라는 이 말에서 '아버지가 낳는다'는 뜻을 잘 이해하지 못했다. 그런데 남자들도 오십쯤 되고 보면 이 말을 조금 이해하는 이들이 많다. 나 역시 마찬가지다. 아버지는 아이를 낳을 때 작은 역할을 하고, 아이를 기르는 일은 상당 부분이 어머니의 몫이다. 집을 꾸려가는 것도 어머니의 몫이라는 것이다.

100만 세대라고 해도 별반 다르지 않다. 필자의 부모님 역시 비슷했던 것 같다. 아버지는 마을 일을 본다고 오전에 나가 밤늦은 시간에 술에 취해서 돌아오셨다. 나의 어린 시절 가장 큰 일과 중의 하나는 마을 앞에 있는 주점에서 취한 아버지를 모시고 오는 일이었다. 반면에 어머니는 농번기에는 농사를, 농한기에는 부업을 해서 가계를 일으키셨다. 당신이 낳은 7남매를 조금도 아쉬움 없이 키우신 것도 사실 어머니 몫이셨다.

100만 세대의 상당수는 이런 부모님 밑에서 자랐다. 보통 5명의 자녀들을 낳는 시대였다. 1968년의 출산율은 4.72명이었고, 1976년은 3명이었다. 사실 그간에 출산율의 하락 폭이 가장 큰 기간이기도 했다. 그리고 김소월 시인의 시처럼 이제 "묻지도 말아라, 내일 날에 / 내가 부모 되어서 알아보랴?"라는 말을 실감할 수 있는 시기가 됐다. 그때와 다를 바 없지만, 아이를 키우기는 쉽지 않다. 하나는 하나대로 둘은 둘대로 힘들다. 다섯 아이를 키우는 대학 동기도 있는데, 정말 신기할 정도다.

100만 세대에게 있어 아이 교육은 자신이 쓸 수 있는 인생의 중요한 역량을 잘 배치해야 하는 사안이다. 일반인들처럼 자기 수익의 3분의 1을 사교육에 넣을 수도 있고, 절반을 넣을 수도 있다. 아니면 가장 낮은 수준의 사교육을 받게 할 수도 있다. 물론 이 과정에서 갈등이 생길 소지가 다분하다.

필자는 전작 《노마드 라이프》에서 아이 교육과 관련해 필자의 큰누나 아들의 사례를 소개했다. 누나는 남들처럼 일반 고등학교를 보내는 대신 아이와 상의해 제빵학교에 입학시키고, 아이의 교육 기회비용으로 서울에 아파트를 사 주었다. 4년 전에 사 주었으니, 지금은 30% 넘게 올라 꽤 큰 자산이 됐다. 전문 기능이 있으니, 굳이 지역이나 국가에 얽매일 필요는 없다.

이제 이런 정서는 조금 더 확산됐다. 가장 큰 변화 가운데 하나가 대학진학률의 하락이다. 2009년 77.8%까지 올라갔던 고교 졸업자의 대학 진학률이 2017년에는 68.9%까지 하락했다. 대학 출신들이 갈 수 있는 일자리는 갈수록 줄어든다. 반면에 전문능력을 가진 고교 졸업자들의 쓰임은 늘어간다. 낮은 직급의 공무원도 일정 비율을 정해 고등학교 졸업생을 뽑게 하는 경우가 많다. 굳이 대학을 보낼 이유가 없는 것이다. 특히 학자금 대출을 통해 적지 않은 부담을 진 아이들의 사회생활이 가져올 수 있는 힘든 현실을 주시할 필요가 있다.

'100만 세대의 아이'는 100만 세대와 확연히 다르다. 나는 초등학교 2학년 때부터 혼자 버스를 타고, 광주에 있는 누나들의 자취방이나 무등산에 있는 작은 집으로 여행을 떠났다. 반면에 고등학교 3학년이나 된 175센티미터 키의 아들을 서울로 혼자 보내는 것도 여간 부담스러운 것이 아니다. 어릴 적부터 어머니는 "입만 있으면 세상 어디라도 못 돌아다니겠냐"고 가르쳤지만, 100만 세대인 나의 아들 교육은 뭔가 잘못됐다. 물론 나만 그럴 수 있는 것 같지만 사실은 일반적인 모습인 것 같다.

상대적으로 여학생들은 좀 더 독립적인 스타일인 것으로 보인다. 지하철을 타면 여자아이들은 상당수가 혼자서도 무언가를 하면서 다닌다. 반면에 남자아이들은 비슷한 또래들이 몰려다닌다. 같이 다닐 이유보다는 몰려다니는 것이 더 안전하기 때문이라는 생각이 든다. 나와 SNS를 하는 100만 세대들의 자식 이야기를 봐도 별반 다르지 않다. 여자아이들은 뭔가 독창적이고, 창의적인 일에 열정을 쏟지만 남자아이들은 소극적이다.

이런 상황에 대해 긍정도 부정도 할 필요는 없다. 세상이 바뀌고, 성 역할도 바뀔 수 있는 것이다. 물론 앞서 처음 이야기했듯이 그간 '아버지'라고 했던 권위적인 것들의 실상을 보면 이런 현상이 이해가 간다.

필자의 아이가 고등학교 3학년이 되어 항상 힘들어하는 모습을 보면서 두 단어를 생각한다. 하나는 '무기력'이고, 다른 하나는 '번아웃(Burn-out)'이다. 두 스타일은 《무기력의 비밀》, 《번아웃 키즈》라는 책에 자세히 나와 있다. 무기력과 번아웃은 아주 다르지만, 아이들이 더 나갈 수 없다는 점에서는 같다. 아무 갈피를 잡지 못해 멈춘 것이든, 이미 다 소진해 멈춘 것이든 멈춰진 자리는 같기 때문이다.

그런 점에서 나는 역시 100만 세대인 조병옥 박사의 케이스를 소개한다. 그는 이미 단독 저서인 《슈퍼맨인 척 말고 함께 비 맞는 아빠가 돼라》를 출간했다. 제목처럼 그는 부모들이 너무 강한 척하지 말고, 아이들과 같은 감정을 공유하라고 말한다. 또 그는 아이가 위기에 빠지는 가장 큰 이유는 자존감의 소멸도 있지만, 자신이 믿고 기댈 곳을 잃어버린 것도 원인으로 꼽는다. 자신과 같이하는 가족이 기댈 수 있는 쉼터가 돼 준다면 더없이 좋겠지만 그런 가정은 많지 않다.

그런데 공학자인 아빠가 곧 공익근무에 들어가는 대학생 아들과 함께 대만 여행을 떠났다. 박물관에 들러 인문 이야기도 하고, 애니메이션의 배경이 된 곳에서는 이와 관련한 이야기도 하는 다정한 부자였다. 부자유친(父子有親)이 아닌, 아버지와 아들 사이에 벽이 있다는 부자유벽(父子有壁)의 시대에 이런 아버지는 흔치 않다.

책을 통해 만나는 저자의 느낌은 진솔하다. 가난한 시골 출신으로 젊어서 서울에 올라와 사업에 실패하면서 그다지 다정하지 못한 자신 아버지의 이야기로 처음을 시작한다. 자식은 아버지 삶의 태도를 거의 따라간다는 일반적인 인식이 있다. 하지만 저자는 부자의 인연으로 찾아온 아들 태훈이의 성장통과 '괜찮은 아빠'가 되는 과정을 가감 없이 이 책에서 드러낸다.

그러나 저자 역시 아이와 소통하는 것이 쉬운 것만은 아니었다. 지금 공익근무를 하는 아이도 성장기 때 수많은 폭풍 같은 시간이 있었다. 아이의 흥미에 따라 피아노나 단소, 검도, 기타 등을 익히게 했지만, 아직도 조금은 매몰된 것 같은 게임을 제어하기도 쉽지 않은 일이기 때문이다. 그런데도 소소한 일상에서부터 소통을 지속했다. 다행히 아이는 벽을 넘어 자존감 있는 청년으로 성장했다.

이 책은 단순히 아버지와 아이의 관계가 아니라 한 사람이 성장하는 것에 관한 이야기다. 그때 가장 중요하게 생각하는 것이 '관계와 소통'이다. 사실 세상사의 대부분이 사람을 만나서 그 관계를 잘 풀어내고 원만하게 이끄는 것이라는 것을 대부분은 안다. 그런데도 이 관계는 쉬운 것이 아니다. 이 책에서 이야기하는 부모와 자식의 관계는 물론이고 직장, 공동체의 인간관계는 그 사람의 모든 것을 결정한다. 저자 역시 아이와 놀이 등을 통해 그 관계를 만들어간 것이 친숙한 부자 관계의 근원에 있다고 본다. 그 모습에 여행도 있지만, 게임도 포함돼 있다.

그런데 저자는 이 관계에서 가장 중요한 것을, 스스로 인정하는 것이라고 봤다. 대부분 아버지라는 위치가 처음이니만큼 몰라서 답답하고 힘들 수 있는데, 슈퍼맨처럼 모든 것을 안고 가는 것이 무리가 될 수 있다는 것이다. 자신의 힘으로 끌고 가다 보면 아이에게 야단치고, 윽박지를 수 있다. 이보다는 같이 비를 맞는 동반자가 되는 게 현명하다는 것이다.

물론 이 관계도 미묘한 어려움은 있다. 바로 부자 관계가 결국은 친구가 될 수 있는 것이 아닌 만큼 균형을 맞춰 자리를 잡아가는 것이다. 책에서 만나는 저자도 실제로 슈퍼맨이 아니라 연약한 부분이 있는 이 시대 가장의 모습을 자주 보여줘 친근감을 느끼게 한다.

'즉문즉설(卽問卽說)'로 유명한 법륜스님은 부모가 자식을 책임지는 시기는 스무 살까지라고 강조한다. 부모가 성인이 된 자식에 너무 관여하는 것은 자식을 위해서나 부모를 위해서는 독이 될 가능성이 크다는 것이다. 이 말을 하면 아이를 배 안에 넣고 살아가는 것에 비유해 만들어진 '캥거루족'이 생각날 것이다.

게다가 요즘은 부모에게 취업까지 부탁하는 '신캥거루족'이 늘었다는 말도 많다. 비슷한 의미로 일하지 않고, 일할 의지도 없는 청년 무직자를 뜻하는 니트족(not in education, employment or training)도 있다. 자녀를 중고등학교까지 키운 이들이 많은 100만 세대는 이런 말들이 남의 이야기가 아닐 것이다.

06

100만 세대의 고독

"개 같은 가을이 쳐들어온다 / 매독 같은 가을 / 그리고 죽음은, 황혼 그 마비된 / 한쪽 다리에 찾아온다 // 모든 사물이 습기를 잃고 / 모든 길들의 경계선이 문드러진다 / 레코드에 담긴 옛 가수의 목소리가 시들고 / 여보세요 죽선이 아니니 죽선이지 죽선아 / 전화선이 허공에서 수신인을 잃고 / 한 번 떠나간 애인들은 꿈에도 다시 돌아오지 않는다 // 그리고 괴어 있는 기억의 폐수가 / 한없이 말 오줌 냄새를 풍기는 세월의 봉놋방에서 나는 부시시 죽었다 깨어난 목소리로 묻는다 / 어디만큼 왔나 어디까지 가야 / 강물은 바다가 될 수 있을까."

– 〈개 같은 가을이〉 전문 /《이 時代의 사랑》(최승자 저, 문학과지성사, 1981) 중에서

대학 시절 가장 최애하던 최승자 시인의 시가 요즘 다시 기억 난다. 지천명이 전후인 100만 세대들 가운데 이 정서를 공감하는 이들이 많을 것이다. 사실 사람의 고독은 어느 특정한 나이를 말할 필요가 없다. 부처님은 태어나자마자 '세상에 오직 나 홀로 존귀하다(천상천하 유아독존, 天上天下 唯我獨尊)'라고 했다. 어떤 이들은 이 말을 두고 스스로 잘난 척한다고 말하기도 하지만, 나는 이 말이 '외롭다'는 말로 들리기 시작했다.

기업 임원으로 일하던 지난해까지 필자의 일상은 오전 5시 18분에 백운역을 출발하는 서울행 전철로 시작된다. 이 첫차를 타고, 부천에서 급행으로 갈아타고, 노량진에서 갈아타고, 석촌에서 갈아타면 문정역에 도착할 수 있다. 유독 사람이 많은 아침 노동자들의 삶을 보면 모두가 고독해 보인다. 가장 활발한 목청을 내는 이들은 한국에 온 목적이 명확한 중국 동포들이다. 이들은 뚜렷한 목소리로 지인들과 대답하는 유일한 부류의 사람들이다. 대부분은 부족한 잠을 채우거나, 핸드폰에 머리를 박고 억지로 시간을 보내는 것 같다.

주말은 집안 청소를 하고, 가족을 위해 몇 끼 정도는 직접 요리를 한다. 아내와 아들은 내 요리를 맛있게 먹어주지만 정작 나는 맛을 잘 느끼지 못한다. 그 음식에는 가족이 모르는 고독이라는 양념이 들어가 있고, 그 맛은 나만 느낄 수 있다.

고독의 해소책으로 나는 길을 떠난다. 업무상 떠나는 출장도 나에게는 여행이다. 이십 대처럼 길에서 어떤 인연을 만날 거라는 기대는 없지만 길을 떠난다. 그 길에 가능하면 친구를 만난다. 고독이란 결국 누구를 만나야만 풀 수 있기 때문이다. 그 가장 적절한 대상이 자신 만큼이나 외로운 친구를 만나는 것이다.

나에게는 고독을 나누기에 적당한 친구들이 제법 있다. 얼마 전 가장 가깝게 지내던 친구가 홀연히 세상을 등져서 스스로도 침잠해진 친구가 있다. 나도 그 친구를 잃을까 봐 평소보다 자주 연락을 하고, 일부러 광주에 들러 함께 술을 마신다. 거나하게 취해 떠나는 친구가 걱정되어 역 앞 숙소까지 동행해 방을 잡아 주고 가기도 한다.

고독은 모두가 갖는 감성이다. 찾아오는 시기와 무게가 다를 뿐이다. 병을 치유하는 것으로 유명한 슈바이처(A. Schweitzer) 박사도 "우리는 모두 한데 모여 북적대며 살고 있다. 그러나 우리는 너무나 고독해서 죽어가고 있다"고 말했다.

더군다나 고독은 죄가 아니다. 아니 고독하지 않은 것이 오히려 죄일 수 있다. 지금도 우리나라에서 많은 이들에게 철학적 등불이 되고 있는 철학자 김형석은 "고독다운 고독은 지성을 동반한 정상인에게만 가능하다"고 말했다. 직접적으로 해석하면 고독을 느낄 수 있는 사람이 더 지적인 성숙을 이룰 수 있다는 것이다.

100만 세대의 이미지 중의 하나인 '독신'이라는 단어에는 약간의 고독이라는 요소가 묻어 있다. 그렇다고 '독신'이 고독을 필수적으로 동반하는 것은 아니다. 오히려 가족이 있는 이가 더 고독을 느낄 수 있다.

필자에게 가장 인상적인 고독의 대사도 있다. 1997년 7월부터 방송된 드라마 〈행복어사전〉에서 있던 한 장면이다. 그 장면에서 인상적인 장면은 아내가 요리를 하고, 아들이 노래를 불러주는 가장 행복해 보이는 장면에서 주인공 이정길이 외로움을 토로하는 독백이었다. 가장 단란해 보이는 순간이 가장 외로울 수 있는 게 중년의 남자다. 그리고 100만 세대들은 누구보다 그런 느낌을 많이 받을 수 있다.

오십쯤 살았다는 것은 그 시간 동안 수많은 '희노애락애오욕'을 경험했다는 말이기도 하다. 특히 머릿속에서만 아니라 가슴속에도 슬픔이 진주처럼 녹아있는 결정들이 많을 것이다. 그리고 그 결정은 가끔 고독이라는 형식으로 사람들에게 표출된다.

문제는 그 고독을 자신이 나약해지는 핑계로 삼는 경우다. 그래서 《예언자》를 쓴 철학자 칼릴 지브란(Khalil Gibran)은 "고독함 속에서 강한 자는 성장하지만, 나약한 자는 시들어 버린다"고 말했다. 그런데 고독은 한 가지가 아니다. 우선 고독과 외로움의 구분도 있다. 심리학자 네이선 드월(C. Nathan DeWal)은 이것을 구분했다. '고독'은 자발적으로 혼자 있길 선택하는 긍정적인 상태인 데 반해 '외로움'은 고통을 느끼는 부정적 상태라는 것이다. 흔히 '왕따'라는 특정한 상태로 이야기되는 '외로움'은 사회에서 타인에 의해 자신이 배제된 상태이기 때문에 심한 부상으로 오는 육체적 고통에 상응할 정도라고 한다.

이런 상황을 극복하기 위해 장대익 교수는 《사회성이 고민입니다》라는 책에서 "만일 높은 수준의 외로움이 만성적으로 지속된다면 반드시 탈출해야 하는데, 그때는 자신이 속한 네트워크로 돌아가 의도적으로라도 누군가에게 의지하라는 뜻"이라고 말한다.

만약 그런 출구를 찾지 못하면 앞서 말한 친구처럼 극단적인 선택으로 갈 수도 있다. 과거와 달리 SNS가 활발해지는 시대에는 SNS를 활용하는 것도 한 가지 방법이다. 많은 사람들이 SNS를 자신에게 영감을 주는 게시글을 퍼 옮기는데 쓰는 경우가 많다. 물론 이것도 유효한 방법이다. 하지만 이보다 더 큰 SNS의 효용으로 자신의 감정이나 느낌을 진솔하게 드러내는 데 쓰는 것도 나쁘지 않다.

필자는 페이스북 친구 4,960명 정도를 관리한다. 우선 5,000명을 넘길 수 없기 때문이다. 그런데 새로운 친구를 받아들이기 위해 가끔씩 '페친 정리(?)'라는 잔혹한 시간을 넘겨야 한다. '페친'을 정리하는 일은 가슴 아픈 일이다. 하지만 이때도 분명한 원칙을 가져야만 그 아픔이 덜하다. 그리고 그렇게 정리되는 친구(물론 인지하지 못할 것이다)들도 나로 인한 상처를 받지 않기 때문이다.

원칙의 첫 번째는 프로필에 사진이 없는 사람이다. 두 번째는 자신의 글은 없고, 남들의 글을 링크하는데 몰두하는 사람이다. 세 번째는 지나치게 활동을 하지 않는 사람이다. 활동을 하지 않는다는 것은 내가 올리는 게시물과 소통할 가능성도 낮다는 것이다. 굳이 오지 않는 손님을 바라보고 가게를 열 이유가 없다. 그런 측면에서 보면 SNS는 내가 '고독'을 포장하고, '외로움'을 탈피하기 위해 꼭 필요한 수단이라고 할 수 있다.

07

100만 세대의 소비

100만 세대는 이 세상의 가장 큰 딜레마에 들어갈 나이다. '버는 자'이면서 '쓰는 자'이기 때문이다. 문제는 기존 버는 판도가 바뀐다는 것이다. 기업에서 임원으로 올라가는 몇을 제외하면 버는 문제는 가장 큰 고민이 된다. 그런데 버는 문제를 볼 때는 쓰는 소비에 대해서 고민해야 한다. 시장이 돈인 사회에서 소비 트렌드는 가장 큰 화두다.

매해 10월 말 정도에 출간되는 《트렌드 코리아 20＊＊》 시리즈가 매년 베스트셀러 1위에 등극했다가 물러나는 것을 보면 사람들이 얼마나 소비 패턴을 알고 싶은지 실감할 수 있다. 김난도 교수가 주도하는 이 분석은 먼저 해당연도의 상황을 분석하고, 다음 해 패턴을 한두 줄로 멋지게 요약해서 제시한다.

이 책에서는 2019년을 컨셉을 연출하라, 세포마켓, 요즘옛날, 뉴트로, 데이터 인텔리전스, 공간의 재탄생, 카멜레존, 밀레니얼 가족 등 기기묘묘한 단어로 분석했다. 그리고 2020년의 트렌드로 멀티 페르소나, 라스트핏 이코노미, 페어 플레이어, 스트리밍 라이프 등 다양한 용어를 만들어 냈다. 그중에 주목할 것은 오팔세대(Iridescent OPAL: the New 5060 Generation)다. 오팔세대는 경제력을 갖춘 '5060세대'를 일컫는 말로, 자신이 원하는 것을 하기 위해 돈과 시간을 아끼지 않는 새로운 소비층을 말한다.

통계청이 2017년을 기준으로 내놓은 통계에 따르면 50세의 기대 수명은 남자가 31.4년, 여자가 36.8년이다. 이 수치는 1970년에 비해서 10년 이상 증가한 수치인데, 향후 의료기술의 발전에 따라 좀 더 여유가 있다면 30~40년은 남았다고 봐도 과언은 아니다. 특히 1990년에 전체 인구의 12.07%에 지나지 않던 50~59세 가구주가 2016년에는 30.79%로 급증했다.

그럼 100만 세대의 소비 습관은 어떨까. 올 11월 하나금융연구소가 내놓은 '국내 인구구조 변화에 따른 소비 트렌드 변화'를 잘 살펴볼 필요가 있다. 금년도 40대 임금 근로자의 월 평균 소득은 556만 원 정도이고, 자영업자의 소득은 418만 원 정도다. 50대는 임금 근로자가 596만 원이고, 자영업자가 493만 원 정도로 전체 연령대에서 가장 소득이 높았다. 연령대별 소비지출액(2018년)을 봐도 40대 임금 근로자는 331만 원, 50대 임금 근로자는 307만 원이다.

연령대별 소비 항목도 관심을 끈다. 2018년 40대 가구주가 가장 많이 하는 소비 비중은 음식·숙박이 447,935원(13.9%)으로 가장 높고, 교육이 417,870원(13.0%)으로 많았다. 다음은 식료품·비주류 음료(12.6%), 주거·수도·광열(9.8%), 오락·문화(7.9%), 의류·신발(6.3%), 통신(5.1%) 등의 순이었다. 50대는 음식 · 숙박이 420,314원(14.3%)으로 가장 높고, 다음은 408,984원(13.9%)인 교통 순이었다. 뒤로는 식료품 · 비주류 음료(13.9%), 주거·수도·광열(10.1%)이었으며, 뒤는 40대와 비슷했다. 40대에 비해 50대가 두드러진 것은 차량 구입비다.

전체적으로 의미 있게 봐야 할 소비패턴이 있다. 우선 고령화가 전 연령대 소비 변화의 가장 큰 기본 바탕에 있다는 것이다. 또 1인 가구의 증가들도 분석의 중요한 기초다. 결과적으로 소비지출에서 식료품 구입과 의류 관련 지출은 감소했다. 반면에 교통비는 증가했고, 교육비 비중은 증가하다가 감소세로 돌아섰다. 이 밖에도 통신비는 2005년까지 급속히 증가하다가 완만한 감소세로 돌아섰다.

이런 흐름은 2016년 5월 〈한국경제매거진〉이 조사한 자료와 큰 맥은 닮아 있다. 이 조사에서는 '한국 40대가 술 대신에 취미 생활을 즐기고 있다'는 패턴을 읽어냈다. 또 '은퇴 후엔 소도시 단독주택 거주가 꿈'이라는 의견이 많았다. 술자리의 경우 지역적 특성도 있는데, 서울과 대전, 충청이 상대적으로 술자리를 선호하고 대구, 경북은 꺼렸다. 40대의 취미도 등산, 영화 관람, 독서 등을 선호했는데 남자들은 등산을, 여자들은 영화 관람이나 독서를 선호했다.

100만 세대의 소비 흐름은 향후 산업 전반에 큰 영향을 줄 수 있다. 우선 그간 수도권 중심으로 진행되던 부동산의 흐름이 고령화로 인한 극적인 반전을 맞는 가능성을 예견할 수 있다. 강남 등 수도권 최고가 지대는 어느 정도 세력을 유지할 수 있지만, 신도시들에서는 향후 흐름을 가늠하기 힘들다. 가구당 인원으로 봤을 때 2015년에 1인 가구 수가 2인 가구를 넘어섰고, 2017년에는 전체 가구에서 1인 가구의 비중이 28.6%로 2인 가구 비중 26.7%를 훨씬 초과했다. 이 간격은 지속적으로 늘어날 수 있지만, 구조적으로 1인 가구의 숫자 증가는 한계가 있기 때문에 부동산 시장에 새로운 수요층이 나올 수 있다.

일본의 경우 1인 가구가 지속적으로 증가하자 아파트 등 공동주택보다는 임대주택 리츠가 늘어났다. 결과적으로 여유가 있는

층은 집을 소유하기보다는 빌려서 안정적으로 주거하는데 주안
점을 둔다는 것이다.

　100만 세대의 소비가 중요한 것은 이곳에서 새로운 사업의 가능
성을 찾아야 하는 이들이 많다는 것이다. 베이비붐 세대부터 2차
베이비붐 세대(100만 세대)가 전 인구에서 차지하는 비중은 갈수록
커진다. 인구 피리미드로 봤을 때 이 층만 볼록하고 다른 지역은
왜소해지는 것에서 금방 원인을 찾을 수 있다. 결국 미래의 사업
기회도 이 층을 어떻게 잘 공략하는가에 따라서 달라진다. 이 층
은 평균 학력이나 문맹률을 보더라도 단연 존재감 있는 소비층이
다. 분석적 소비가 가능해지는 나이라는 것이다.

　필자를 보건데 쓸데없는 소비가 많다. 가장 단적인 예가 통신
등에서 필요 이상의 과도한 지출을 한다는 것이다. 필자는 2012년
12월 〈오마이뉴스〉에 〈나름 얼리어답터 자신했던 나, 통신사 '봉'
이었네〉라는 제목의 글을 썼다. 부제는 "우리 가족 한 달 통신비
만 30만 원… 보너스는 포인트 '별'이 전부"였다.

　당시 필자의 기사를 보면, "11월에 들어간 통신료를 살펴보자.
통장에서 빠져나간 금액 기준으로 보면 다음과 같다. 이동전화 사
용료 10만 820원, 태블릿(아이패드) 4만 6,170원, 와이브로 5,440원,
인터넷과 IPTV 2만 8,150원, 인터넷 전화 8,770원이다. 이 금액을

합치면 18만 9,350원이다. 여기에 아내와 아들의 핸드폰 비용을 합치면 근 30만 원가량이 한 달 통신료로 나간다"라고 썼다.

공감하는 댓글도 있었지만, 가장 정확한 지적은 '당신이야 말로 통신사 호갱'이라는 댓글이었다. 그 결과 다음 해 3월에 〈험난했던 〈통신 봉' 탈출기〉(부제: 통신이용료 월 19만 원에서 8만 원으로… 1년 132만 원 과소비한 셈)이라는 기사를 쓸 수 있었다. 그로부터 한참이 지난 지금도 내 생활에서 통신비의 비중은 적지 않다. 물론 이런 비용은 술값 지출에 비하면 '새 발의 피'다.

08

100만 세대의 건강

2018년 12월, 겨울이 시작될 무렵에 내 다리에 이상이 왔다. 병원에 가서 진단을 받으니 '족저근막염'과 무릎 연결이 안 좋다는 등의 소견이 나왔다. 통증이 오면 집 근처 정형외과에 가서 물리치료를 받는 등 응급처치를 했다. 한 달여 동안 치료를 받았지만, 물리치료를 받을 때만 조금 나았다. 어떤 날은 의사가 무릎 연골에서 적지 않은 고름을 빼내어 보여주면서 상황이 나쁘다는 것을 말해줬다. 가장 안 좋을 때는 회사에서 조퇴해 근처 병원에 가야 했다.

가장 힘든 것은 바쁜 출근길에 신도림역에서 환승할 때였다. 사람들 사이에서 절뚝이면서 걷는 것은 보기도 사납지만, 통행에 방해를 줄 수 있는 만큼 부담도 컸다. 그런데 얼마 후 나는 내

병의 원인을 자각했다. 발을 씻을 때, 손 소독제 등 독성이 있는 물질을 쓰는 게 원인이라는 생각을 한 것이다. 이후 비누를 제외하고는 일절 다른 물질을 쓰지 않았다. 그 후로는 발바닥이나 무릎으로 병원을 찾는 일은 없었다.

필자는 이 경험을 통해 몸 한 부분이 아프면 얼마나 힘들 수 있는지를 실감했다. 아내는 나에 비해 체질이 단단하지 않은 편이다. 몇 년 전부터 치아의 대부분을 임플란트로 대체해야 했다. 100만 세대에게도 이제 몸을 리뉴얼할 시기가 확실히 온 것이라는 생각을 해야 한다.

몸은 항상 똑같은 속도로 가지 않는다. 특히 50살을 전후해 몸에 이상 신호가 오는 친구들 소식이 많다. 따라서 국가에서 하는 의무 검진 등은 꼭 받으면서 자신의 몸에 이상이 없는지 확인해야 한다.

필자의 아내는 중국 전통 의학을 전공했다. 한국에서 의술을 펼 수 없지만, 우리 집에서는 자체적으로 할 수 있다는 것은 큰 장점이다. 서양 의학을 전공한 이들은 동양 의학을 마치 사술(詐術)처럼 생각하는 경우가 있지만, 꼭 그렇게 볼 것은 아니다. 납북된 조헌영 선생이 쓴 《통속한의학 원론》을 보면 우리가 동서양 의학을 분석적으로 봐야 하는 이유를 잘 알 수 있다.

이 책은 한의학과 서양 의학을 비교하여 조화시켰다. 한의학과 서양 의학은 입장이 서로 딴판이어서 서로 대립적인 입장에 서 있다고 생각하기 쉽다. 하지만 이것은 잘못된 인식이다. 한의 와 양의는 저마다 특색이 있어 공헌하는 방면과 부문이 다르긴 하나 인류의 생명을 지키려는데 목적이 있고 연구 대상도 다 같이 사람의 몸과 병과 약물이므로 자연히 합치점과 조화가 있다고 역설한다.

100만 세대에게 있어서도 건강은 더없는 화두다. 따라서 필요에 따라 동서양 의학을 상식적으로 놓고, 자신에 맞는 치료법을 찾아갈 필요가 있다. 더욱이 의료는 인공지능이 가장 먼저 효과를 거둘 수 있는 분야기 때문에 4차 산업혁명과 의학 기술의 변화를 같이 살펴볼 필요가 있다.

국내의 적지 않은 병원에서 진단에 사용되는 IBM의 '왓슨 (Watson)'은 치료의 판도를 바꿀 수 있는 엄청난 존재다. 인공지능이 도입된 만큼 딥러닝(Deep Learning) 등 다양한 방식으로 정보를 축적하는 왓슨은 자신에게 주어진 영상기록, 투약기록, 수술기록, 처방기록 등을 일목요연하게 공부할 수 있다. 만약 폐암 3기인 50살 남자 환자가 찾아올 경우 왓슨은 그간에 비슷한 상황에서 진행됐던 치료 가운데 가장 효과적인 방법을 찾아내어 의사나 환자에게 제공이 가능하다. 상황에 따라 국내뿐만 아니라 해외 모든 치료법을 익힐 수 있다.

아무리 뛰어난 의사라고 할지라도 불가능한 일들을 인공지능은 가능할 수 있게 한다. 처방만은 아니다. 수술 로봇 다빈치(Da Vinci)는 2005년 국내 처음으로 세브란스병원에 도입됐다. 이후 전립선암, 갑상선암, 위암, 두경부암, 자궁경부암 등의 암 수술에 활발히 적용되고 있다. 2019년 10월까지 로봇수술 건수는 약 2만 4,454사례를 기록하고 있으며 단일 의료기관 기준으로 2만 4,000 사례 이상 로봇 수술을 한 곳은 세계적으로 세브란스병원이 유일한데, 다빈치를 개발한 미국에서는 주로 전립선암에만 적용하는 데 비해 연세 암병원은 지속적으로 '트렌드'를 만들고 있다.

이런 상황을 감안할 때, 100만 세대가 고령이 됐을 때는 인공지능에 의한 진단이나 로봇에 의한 수술이 대세가 될 확률이 높다. 결국 오래 살고 싶다면 이런 첨단 기술의 도움을 피할 수 없다. 한국은 의료 데이터를 활용하는데 많은 규제가 있다. 프라이버시 보호를 위해서 불가피한 일이지만 상대적으로 중국이나 신흥국 들은 의료 데이터의 개방 정도가 높아 이 부분에서 더 빠르게 추격할 것으로 전망된다. 이런 의료 데이터는 이제 먼 이야기가 아니다. 지금은 개인이 선택에 따라 착용할 수 있는 스마트 신체 측정 기계들이 대세겠지만 향후 몸 안에 심는 칩 등이 도입될 경우 혈액의 상황이나 심전도 등 가장 필수적인 의료 데이터를 실시간으로 자신의 건강을 맡긴 병원이나 응급센터와 연결할 수 있다.

물론 이때는 개인의 프라이버시나 기본적인 비밀 유지는 큰 논란이 될 수 있다. 하지만 자신의 건강을 위해 자신의 의료 데이터를 오픈하는 것을 선택할 수 있게 할 경우 일반인들의 판단을 알 수 없다.

2018년 5월 심평원이 발표한 50세 이상 환자 분석 결과에 따르면 50대는 고혈압과 당뇨병, 60대는 치아, 70세 이상은 치매 등에 주의해야 한다는 빅데이터 분석 결과가 나왔다. 50대에 들어서면 불균형한 식생활을 비롯해 운동 부족, 과로와 스트레스 등 잘못된 생활 습관에서 비롯되는 질병에 대한 예방관리의 필요성이 높아지고, '생활 습관 4대 질병'으로 일컬어지는 '당뇨병, 고혈압, 고지혈증, 지방간'의 환자가 늘어난다는 보고가 많다.

결과적으로 실업이나 퇴직 등은 중장년층의 생활 습관을 무너뜨릴 가능성이 많아진다. 특히 걷는 양이 줄어들고, 생활 문제 등으로 인한 스트레스가 만병의 근원이 될 수 있다. 따라서 100만 세대도 나이에 상관없이 관련 질병에 대한 예방, 관리, 치료 등을 소홀히 할 수 없다.

Part

3

100만 세대의

미래

01

당신의 일자리는 안녕하십니까?

부침은 있지만 지난 50여 년간 한국인들은 일을 통해서 모든 것을 창출했다. 처음에는 의료, 봉제, 신발 등의 가공산업에서, 이후에는 조선, 자동차, 철강 등 제조업으로, 이후에는 반도체, 첨단 화학, 바이오 등으로 일자리를 확대했다. 그리고 지금도 한국을 견인하는 주요한 것은 이런 제조업 일자리라는 것을 부인하기 어렵다.

그런데 그 일자리들이 점차 사라지고 있다. 우선 그간 한국이 가졌던 제조업의 우위가 쉽지 않은 상황이다. 이런 상황을 가장 극단적으로 보여주는 곳이 울산이나 거제 등 중공업 중심 도시들이다. 수십 년 동안 먹고 살 수 있는 만큼 수주물량이 남은 걸로 알고 있던 이 도시의 산업이 순식간에 수조 원의 적자라는 것을 알고 망연자실했다.

다만 사회 전체의 일자리는 큰 변화가 없을 전망이다. 이미 일정 궤도에 올라 있는 한국 산업 구조는 큰 문제가 없는 한 정상적으로 운영되어 간다. 당연히 일자리들도 유지되는데, 문제는 신규 진입하는 노동자 수가 급격히 줄어들기 때문이다. 보통 직업 현장으로 들어오는 신규 취업자를 기준으로 볼 때, 현재 노동 시장에 들어오는 1992년생은 출생자 숫자로 봤을 때 73만 명 정도다. 5년 후인 1997년생은 67만 5천여 명, 다시 5년 후인 2002년생은 49만 7천여 명으로 현격하게 줄어든다.

이런 현상이 이미 드러난 곳이 일본이다. 미국, 일본, 독일 등의 청년 실업률을 보면 이런 흐름이 쉽게 드러난다. 4~8% 정도였던 청년실업률이 지속적으로 하락해 지금은 2.4~4% 정도로 거의 완전 고용에 가까운 상황이다. 청년 고용률이 높다는 것은 장년층의 노동 기회도 넓어질 수 있는 개연성을 말한다. 하지만 앞서 보았던 구조적 어려움으로 인해 좋은 일자리보다는 근근이 살아가는 생계형 일자리가 늘어날 가능성이 높다.

직전까지 일했던 회사의 경우 100만 세대들은 보통 차장에서 부장급들을 차지하고 있다. 그런데 최근 회사는 이 직급의 직원 상당수에게 희망퇴직을 받는다는 메일을 보냈다. 말이 희망퇴직이지, 실제로는 '나가라'는 말에 가깝다. 이제 아이들이 초중등학교에 다니는 이들에게는 쉽지 않은 상황이다.

문제는 이런 상황에 닥쳤을 때, 아니 선제적으로 자신의 가치를 인정받으면서 다른 곳으로 옮겨서 살아갈 수 있는가는 무척 중요하다. 헤드헌팅 업체인 피플케어그룹의 신중진 대표가 말하는 중년 인재 이야기는 경청할 필요가 있다.

신 대표는 "임원급을 평가할 때는 정직·성실·열정·전문성·리더십·겸손이 중요한데, 다른 역량에 비해 겸손을 갖춘 사람을 의외로 찾기 힘들다. 그러다 보면 면접에서 적극적인 의지를 보이지도 못한다. 기업은 의지가 부족한 사람을 절대 뽑지 않는다. 기본적인 것을 망각하는 것이다. 사자도 토끼를 잡을 땐 최선을 다하듯 구직자도 겸손한 자세로 적극적인 의지를 표출해야 한다"라고 말하면서 중년 취업의 가장 큰 요소를 겸손으로 꼽았다.

공무원이나 교사, 공기업 직원 등 어느 정도 정년이 보장된 직종을 제외한 100만 세대의 상당수는 인생 2모작을 준비해야 하는 경우가 많다. 설혹 공무원이라고 해도 새로운 변화를 생각하는 이들도 많다. 공무원에서 일한 지 20년이 넘은 100만 세대는 우선 연금 대상자가 됐기 때문에 새로운 일에 대한 갈구가 있다.

필자의 고향 친구 가운데는 중앙부처 사무관을 하다가 회계법인에 영입된 친구가 있다. 기존 연봉보다 3배 정도 더 받고 다양한 의전도 보장됐다. 그런데 이 친구의 사례가 한 언론에 소개되면서 혼란에 빠졌다. 공직자로 일할 때 익힌 기능을 사기업을 위해 쓰는 것에 대한 반감이 섞인 댓글이 주를 이뤘기 때문이다. 물론 이런 비판은 마땅하지만, 공직자들은 퇴직 이후 전직을 할 때 심사 기준이 있기 때문에 이 친구를 무작정 비난할 수 없다.

한번 공직을 선택했다고, 영원히 그곳에서 있어야 한다는 원칙은 없다. 필자도 공직생활을 했지만 공직 사회가 가진 특성이 자신에게 맞지 않으면 50세를 전후해 다른 길을 선택하는 것도 나쁘지 않은 선택이다. 반면에 50대에 공무원 시험에 합격해 공직에 들어가는 사람들도 자주 있다. 공직자로서 남은 시간을 봉사하겠다는 취지는 충분히 공감할 수 있지만, 경직된 공무원 사회에 잘 적응할 수 있을지, 다른 선택지가 없는지를 잘 선택하고 고르는 게 바람직하다.

한국은 이미 20년 넘게 세계에서 가장 높은 자살률을 기록하는 나라다. 생활고를 통한 가족의 동반자살도 하루가 멀다고 언론에 보도된다. 이런 가정의 부모들도 상당수가 100만 세대인 경우가 많고, 심지어는 늙은 노부모와 같이 자살하는 100만 세대도 있다.

사람들이 이런 극단적인 선택을 하는 책임은 국가부터 개인까지 모두에게 있다. 세계에서 가장 부의 편중도가 심한 국가이자,

일하는 시간이 가장 많은 나라가 한국이다. 어지간한 체력과 정신력이 없다면 이 나라에서 제대로 경제생활을 하기 힘들다. 이런 가정들이 최후에 선택하는 것은 동반자살이다. 이런 사건이 있을 때마다 사회는 이슈화되지만 결국은 금방 잊힌다.

100만 세대는 이 문제에 가장 당사자이다. 또 가해자이자 피해자가 될 수 있다. 최저 임금제는 국내 대부분의 일자리를 최저 임금으로 맞추어가는 현상을 보이고 있다. 하지만 한 달에 최저 임금으로 가정을 꾸리기는 쉽지 않다. 즉 현실을 비관하기 쉽고, 결국에는 죽음을 선택하는 이들이 많은 것이다.

최근 우리 세대의 위기를 가장 잘 말해는 것이 모임의 위축이다. 초등학교나 중학교 모임은 물론이고, 고등학교 모임이나 대학 동기 모임도 실제로 나오는 사람이 많지 않다. 우선 앞서 말한 우리나라 성장률 둔화에 따른 전반적인 경기 하락의 분위기가 개인들의 일상에도 영향을 미치면서 여유를 빼앗아 갔기 때문으로 보인다. 아이들의 대학 진학을 앞에 둔 상황인 만큼 다른 곳에 마음 쓸 여유가 없는 것도 느껴진다. 문제는 이렇게 서서히 모임을 외면해 가면 개인은 더욱더 세상과 멀어질 수 있다는 것이다.

이럴 때 가장 중요한 것은 그런 사람이 자신만이 아니라는 것을 아는 것이다. 일본 칼럼니스트 사카이 준코가 쓴《저도 중년은 처음입니다》는 이럴 때 공감할 수 있는 책이다. 이 책은 40대이기는 해도 아줌마는 아니라고 생각하는 여성들에게 '나이를 먹는다는 것'에 대한 공감 에피소드와 더불어 설득력 있는 문화사회학적 해석을 들려주는 책이다.

'90세 인생' 시대에 중년 여성이 겪는 불안과 갈등의 측면들. 즉 노화에 대한 저항, 부모 부양, 성적인 문제, 갱년기, 질병, 직장에서의 위치, 감정의 마모 등 아마도 작가 자신이 '중년의 한복판'에 있는 당사자이기에 마치 일기를 쓰듯, 친구와 수다를 떨듯 중년의 일상과 상념을 예리하게 포착하기 때문에 공감하기 좋은 책이다.

남성들이 공감할 수 있는 책으로는 이낙연 전 국무총리 비서실장을 지낸 정운현의 《어느 날, 백수》가 읽어볼 만한 책이다. '나에게 불쑥 찾아온 중년의 실직, 망가지지 않고 당당하게 사는 18가지 방법'이라는 부제가 말해 주듯이 이 책은 작가 스스로가 닥쳐온 실업의 상황에서 자신의 위기를 컨트롤하는 이야기를 담고 있다. 작가는 이명박 정부가 들어선 뒤 빼앗기다시피 일자리를 잃고, 가장으로서의 역할을 하지 못했다. 그런데도 용기를 잃지 않고, 다양한 글쓰기를 통해 자신의 존재감을 찾아갔다. 결과를 떠나서 차관급 정무직 공무원으로 돌아올 수 있었던 것도 터널에 있는 것 같은 암울한 시간을 이겨냈기 때문이다.

02

100만 세대의 미래 먹거리

워런 버핏(Warren Buffett), 조지 소로스(George Soros)와 더불어 세계적인 투자의 귀재로 불리는 짐 로저스(Jim Rogers)는 "한반도 블루오션은 관광과 농업"이라고 말했다(〈시사저널〉 2019년 2월 26일자 인터뷰). 그는 우리나라에도 출간된 《세계에서 가장 자극적인 나라》에서도 한국은 농업과 관광을 중시해야 한다고 조언했다. 또 광산업, 어업, 의류산업의 중요성에 대해서도 강조했다.

그의 이런 말을 들으면 우리나라 사람들은 좀 의아하게 생각한다. 우리 식탁의 상당 부분을 중국산이 차지한 지 오래고, 한약재 등도 중국산에 익숙하기 때문이다. 그렇다면 짐 로저스는 뭘 몰라서 엉뚱한 말을 한 것일까.

필자는 2019년 8월 말 중국 베이징과 따리엔을 다녀왔다. 방문

길에 중국 농업 기반시설이나 농수산 식품의 유통을 보면서 짐 로저스가 말한 시기가 멀지 않았음을 실감했다. 아울러 이런 인식은 미래를 준비하는 우리나라의 입장에서 꼭 챙겨야 할 필요가 있었다. 로저스가 한 말을 제대로 인식해 준비한다면 농업과 수산업은 네덜란드 등에서 그렇듯이 한국의 미래를 만들 수 있지만, 제대로 준비하지 못한다면 지금처럼 뒤처진 산업으로 치부될 수 있기 때문이다.

인구 595만 명으로 중국 도시 인구 순위에서 50위 정도인 따리엔은 중국에서 가장 살기 좋은 도시로 꼽힌다. 바다와 산이 잘 어우러져 있으며 아름다운 해양도시이자 관광도시로 이름이 높다. 2019년 8월 말 싼빠광장에 있는 까르프에는 손님들로 넘쳐났다. 그곳에서 필자의 발길을 붙든 곳은 신선식품 매장과 쌀 매장이었다. 놀라운 것은 쌀의 가격이었다. 보통 5킬로그램 단위로 팔리는 쌀은 보통 50위안에서 최고 160위안이었다. 한국에서도 먹는 자포니카는 물론이고 안남미로 불리는 인디카종도 비슷했다.

한국에서 비싼 편에 드는 '농협 임금님표 이천 쌀' 10킬로그램 들이가 4만 원에 팔리고 있는 것에 비하면 중국의 쌀값이 훨씬 비싼 것이다. 중국에서 10킬로그램에 320위안(한화 5만 4,000원 정도)에 팔리는 아키바리 쌀도 한국에서는 훨씬 싼 3만 1,000원 정도에 거래되고 있기 때문에 이런 상황은 이미 보편적인 흐름으로 보는 게 맞았다.

쌀 뿐만이 아니었다. 양파나 마늘 같은 양념류나 감자 등 채소류도 한국과 거의 차이가 없었다. 중국 농산물의 가격이 한국과 비슷하게 올라온 것은 이미 상식이 되어버린 상황이다. 중국에서 쌀 가격은 어떻게 형성될까. 필자 일행은 중국 농수산식품의 유통을 총괄하는 중량그룹의 쌀 가공기지를 방문하면서 중국 농산물 가격의 흐름을 일부 파악할 수 있었다.

중량그룹은 〈포브스(Forbes)〉지 선정 세계기업 순위에서 122위로 미국, 브라질에 식량 전용 항구를 갖춘 거대한 기업이다(2018년 기준). 자체적으로 쌀과 식용유 중심인 브랜드 푸린먼을 비롯해 샹쉐, 창청와인, 따위에청, 멍뉴 등 10여 개 브랜드를 거느리고 있다. 중량그룹의 쌀 부분을 총괄하는 곳은 본부지만 그 중심기지는 주요 쌀 생산기지이자 동북 3성의 관문항인 따리엔에 있다.

고구려의 비사성이 있었던 따헤이산(大黑山)에서 내려다보이는 따리엔신항 내 중량그룹 쌀 가공부는 생산, 관리, 저장, 유통 등 모든 과정이 초현대식으로 갖추어져 있었다. 도정 공장 역시 로봇까지 갖추어져 있었다. 필자와 동행한 한국의 전문가 그룹 역시 이미 한국의 관리 능력을 넘어섰다는 데 의견을 같이 했다. 내부에는 실험실 등을 완벽하게 갖추고 있는 상황이다.

쌀이 따리엔을 통해서 거래된다면 채소류는 칭다오나 옌타이, 웨이하이, 수광 등 산동성 지역이 생산과 거래의 중심지다. 따리엔 까르푸에서 팔고 있는 채소의 원산지도 대부분 산동성 수광시였다. 산동반도의 중북부에 위치한 수광시는 웨이팡시 관할 자치시로 채소 하이테크 시범단지, 생태농업관광단지 등이 말해주듯 중국 채소류의 중심기지다. 특히 최근에는 유기농 농업을 중심으로 급속히 발전하는 지역이다.

중국 농업의 최근 흐름은 유기농은 물론이고 스마트팜 등 4차 산업혁명과 결합한 농업에서도 빠른 발전을 거듭하고 있다. 스마트팜은 입지 환경이 중요한 요소가 아니어서 스마트시티 발전을 선도하는 저지앙, 항저우 등지가 중심이 되고 있다. 성정부 산하 농업데이터센터가 농업에 빅데이터, 사물인터넷, 지리정보시스템 등 IT기술을 결합하고 있다.

또 허마셴성이라는 첨단 식품 유통망을 갖춘 알리바바도 헤이룽지앙 성정부와 스마트팜, 인클루시브 금융(普惠金融, Inclusive finance) 등을 포함한 협력을 체결했다. 또 다른 대형 유통업체 징동(京東) 역시 지난해 5월 농업기업인 베이다황(北大荒) 그룹과 스마트팜 조성 협약을 체결하는 등 중국 역시 스마트팜은 대세가 됐다. 중국 치엔잔산업연구원이 발표한 자료에 따르면 중국의 스마트팜 시장 규모는 2018년 203억 위안에서 2020년 268억 위안(한화 4조 5,000억 원 정도)으로 급속히 성장했다.

그럼 이렇게 빠르게 성장하는 중국 농업을 두고, 짐 로저스는 왜 한국의 미래 산업이 농업이라고 했을까. 그간 중국의 곳곳을 다녀본 필자가 로저스의 말에 공감하는 것은 중국이 따라올 수 없는 한국의 지역적 특성에 있다. 중국은 960만 평방킬로미터의 육지를 갖고 있다. 하지만 중국에서 땅 위로 흐르는 물을 먹어도 아무런 탈이 나지 않는 지역은 손에 꼽는다. 한국과 가까운 동북 3성이나 후베이성 선농지아, 후난성, 쓰촨성, 푸젠성 일부를 제외하고는 석회질 등으로 인해 지표수를 먹으면 안 된다.

물 뿐만이 아니다. 중국은 역사적으로 한국의 특산품인 고려인삼을 자체 생산하기 위해 수많은 공을 들였다. 특히 산동성은 고려삼을 자체화하기 위해 노력했으나 큰 성과를 보지 못했다. 이러는 사이 정관장 등 한국 인삼제품은 인기를 더 키워가고 있다.

중국 마트에서 만나는 중국 농수산제품의 가격이 한국과 격차를 줄이는 것은 현지의 인건비 상승 탓도 있지만, 중국 하이엔드(High-End) 소비층의 증가에도 원인이 있다. 대도시에 아파트 몇 채를 갖고 있어 자산이 수십억 원씩 되는 소비자들은 가능하면 안전하고, 영양가 있고, 몸에 좋은 식자재들을 찾는다.

약재 역시 비슷하다. 한국 인삼의 효능이 좋듯이 당귀나 오가

피 등 모든 약재가 한국에서 생산될 때, 더 좋은 효능을 기대할 수 있다. 한국 은행잎이 다른 나라에서 자란 은행잎보다 20배에서 100배나 많은 징코민 성분을 생산하듯이 다른 약재들도 그런 약성의 차이를 갖는 경우가 많다.

따라서 한국 정부가 체계적으로 농수산물이나 약재를 관리한다면 농업은 한국의 미래산업이 될 수 있다. 반도체나 조선, 스마트팜 등은 기술의 발달로 인해 중국이 한국을 추월할 수 있지만, 한국이라는 땅이 가진 가치를 추월할 수는 없기 때문이다. 수산물의 경우 땅이 작용하는 것보다는 영향이 적을 지라도 한국의 섬을 활용한 수산물들은 중국이라는 시장에서 더 큰 힘을 가질 수 있다.

필자 고향마을의 방치된 밭. 주변에 농사용 도로까지 개설되어 있지만, 상당수의 농토들이 풀이 우거진 잡초밭이 됐다. 이미 농약 성분이 빠진 이곳에 친환경 약재산업이 진행될 경우 새로운 미래의 가능성은 어떨까.

그럼 한국 농업이나 수산업이 어떤 방식으로 발전해야 미래 산업이 될 수 있을까. 현재 한국 농업의 중심지는 관련 공기업들이 이전한 전남과 전북이다. 특히 무안공항과 목포신항 등을 갖춘 전남 서남부 지역은 한국 친환경 농산물의 50%와 수산물의 60%, 해조류의 90%를 생산하는 지역이다.

하지만 이곳의 농업은 아직 영세한 수준을 벗어나지 못했고, 주로 쌀 생산 중심으로 진행되고 있다. 게다가 급속한 노령화로 인해 생산성 자체를 잃고 있으며, 다양한 경작지가 사라지고 있다. 이런 전남 지역에는 중국 하이엔드 층을 대상으로 한 농업 단지의 육성이 가능하다. 이들을 상대로 하는 상품은 친환경, 유기농 등으로 특화할 필요가 있다. 또 종자부터 생산, 관리, 가공, 유통의 전 과정을 QR코드로 볼 수 있는 시스템을 만들어야 한다. 급속히 늘어나는 허마셴셩 등 첨단 식품 매장은 이런 정보가 필수이기 때문이다.

약재의 경우 더 큰 가능성이 있다. 전라남북도는 물론이고 강원도, 충청권 등은 약재 생산 기지로서 가능성을 갖고 있다. 다만 중국 약재에 대한 정보나 종자에 대한 기초가 부족한 만큼 국가적인 차원에서 관리할 필요가 있다. 이 과정을 우리가 독점하기보다는 중국 측과 협업을 통해 진행할 수 있다. 앞서 소개한

중량그룹이나 통런탕(同仁堂), 톈스리(天士力) 등과 협력할 경우 손쉽게 중국 유통망을 확보할 수 있다. 이런 과정은 농림축산식품부가 주관하되 농어촌공사, 농수산식품유통공사 등의 산하기관들도 협업이 필요하다.

이런 대중국 미래 농업 등은 굳이 젊은 층이 나설 이유는 없다. 농기계가 다양하게 보급되고, 렌털도 활발한 만큼 100만 세대들이 인생 2모작으로 충분히 도전할 만하다. 문제는 이런 플랜 전체가 잘 기획돼야 한다는 것이다.

한국에서 특수작물 재배는 수없이 악몽이 되풀이 되어왔다. 십여 년 전부터 큰 수확을 가져다줄 것으로 전망되어 적지 않은 농가가 나선 아로니아나 블랙베리 등이 최근에는 그런 전철을 되밟고 있다. 중요한 것은 수요처를 파악하고, 미리 마케팅할 수 있는 기초를 다져두는 게 좋다.

우리나라에서 재배된 약재나 특용작물이 중국의 시장으로 제대로 넘어간다면 큰 가치를 받을 수 있다. 하지만 이 과정도 녹록한 것은 아니다. 우리 농가에서 오랫동안 중국 수출을 노력하던 파프리카도 최근에야 수출 허가를 받았다. 약재 역시 품목 등에 따라서는 오랜 시간이 걸릴 수 있다. 이 일 자체도 개인이 할 수 있는 일이 아니라 국가나 지자체가 해야만 한다.

또 다른 미래 사업은 관광산업이다. 사드 발표 전인 2006년에 한국을 찾은 중국 관광객은 807만 명이었다. 크루즈 관광객도 지속적으로 증가했다. 중국인들의 무질서에 대한 볼멘소리도 있었지만, 이곳에도 다양한 미래 사업 기회가 있었다. 그리고 수년 안에 한중 관광은 다시 정상적인 상황이 찾아올 것으로 보인다. 아울러 소득 격차가 작아지면 자연스럽게 두 나라 비자 면제의 가능성이 있다.

이 경우 한국은 중국을 상대로 한 다양한 관광 사업 기회를 가질 수 있다. 짐 로저스가 일본과 달리 한국이 기회가 있다고 본 이유는 이런 측면 때문이다. 더욱이 북한의 문이 열려 금강산 등 추가적인 자원이 확장되고, 북한을 통과하는 고속열차가 개통되면 한중 간 이동 인구는 더욱 많아지고, 더 많은 사업 기회가 앞으로 열릴 것이다.

03

100만 세대의 재테크

그간 세대에 대한 관심에서 100만 세대는 상당히 서운한 면이 있다. 1차 베이비부머(1955~63년 출생)를 집중적으로 연구하다가 최근에는 이들의 아이인 에코 세대(1979~92년 출생)에 집중됐다. 그러다가 관심은 밀레니얼 세대(1980년대 초반~2000년대 초반 출생)로 바뀌었다. 그러다 보니 2차 베이비붐 세대인 100만 세대는 서서히 관심에서 멀어졌다.

더욱이 100만 세대는 취업 시기에 IMF를 겪고, 사회생활 초반기에 세계 금융 위기(2008년)를 겪은 만큼 집중적으로 살펴봐야 할 세대임에도 사회적 관심이 소홀한 것에 아쉬움이 있을 수밖에 없다.

그럼 100만 세대의 자산 상황은 어떨까. 관련해 2016년 6월

〈도시행정학보〉에 발표된 '1·2차 베이비부머 및 에코부머의 세대 간 주택자산 효과 차이 비교(이현정 경희대 교수)'라는 논문을 살펴볼 필요가 있다. 이 조사에 따르면 총소득으로 봤을 때, 1차 베이비부머는 6,049만 원, 2차 베이비부머는 5,843만 원, 에코 세대는 5,042만 원 순이었다. 자산으로 봤을 때도 1차 베이비부머는 3억 6,384만 원, 2차 베이비부머는 2억 9,939만 원, 에코 세대는 2억 2,712만 원 순이다.

부채액으로 봤을 때 1차 베이비부머는 6,210만 원, 2차 베이비부머는 5,610만 원, 에코 세대는 4,986만 원 순이다. 전체적으로 봤을 때 세대에 따라 자연스럽게 자산이 형성된 것을 알 수 있다. 그리고 자산대비 부채비율에서는 부채가 25% 이상인 가구가 1차 베이비부머는 24.5%, 2차 베이비부머는 33%, 에코 세대는 36.3%였다.

특징적인 것이 있다면 금융자산에서 1차 및 2차 베이비부머가 에코 세대보다 2배 이상 많았는데, 이는 1, 2차 베이비부머의 근로기간이 늘어나면서 소득이 증가하고 저축, 보험 등의 다양한 금융상품에 가입 및 납입기간이 늘어난 것으로 분석했다.

위 조사에 따르면 2차 베이비부머인 100만 세대가 소득이나 자산에서 특별히 나쁜 것은 아니다. 그럼 100만 세대의 향후 흐름은 어떻게 될까. 100만 세대의 경우 총자산은 2억 9,939만 원이고, 그중 주택자산은 2억 2,837만 원으로 총자산에서 주택이 차지하는 비중이 76.3%다. 물론 다른 세대도 자산에서 주택이 차지하는 비중이 비슷하다.

문제는 부동산의 경우 묶여 있는 돈으로 현금화에 문제가 있다. 또 일본처럼 부동산 가격이 급락하면 자산 자체가 급락할 수도 있다. 이런 상황을 극복하기 위해 '주택연금' 같은 제도가 생겼다. 집을 담보로 연금을 받는 방식이다. 하지만 향후 이 연금으로 보장받을 수 있는 자산도 한계가 생길 수 있다.

가장 적극적으로 경고하는 이가 금융인 출신으로 서강대에 있는 김영익 교수다. 김 교수는《위험한 미래》나《투자의 미래》라는 저서를 통해 지나치게 부동산, 특히 아파트에 매몰되어 있는 자산구조가 위기가 될 수 있다고 경고한다. 김 교수는 최근 서울의 아파트만 약간 상승한 부분이 있지만, 구조적으로 봤을 때 하락의 국면으로 들어간다고 본다.

그런 점에서 일본의 시장을 연구할 필요가 있는데, 일본은 35~55세 인구와 주택가격 지수가 동행하는 현상을 보였다고 봤다. 이 시기가 결혼과 출산으로 집을 늘려가는 시기이기 때문이다. 실제로 이 연령대가 줄어들기 시작하자 집값은 폭락했고, 집에 대한 인식도 바뀌었다.

2019년 가구 규모별 표준생계비

(단위 : 원)

구분	단신 남성	단신 여성	단신 가구	2인 가구
식료품 및 비주류유료비	495,774	438,996	457,385	954,799
주류 및 담배비	212,992	145,492	179,242	212,992
의류 및 신발비	86,075	90,389	88,232	174,473
주택,수도, 전기 및 연료비	604,023	604,023	604,023	651,796
가정용품 가사 서비스비	77,947	80,110	79,029	127,372
보건비	69,309	74,986	72,148	139,345
교통비	77,261	77,261	77,261	469,104
통신비	102,117	102,117	102,117	162,184
오락 및 문화비	156,156	154,777	155,467	259,490
교육비	58,048	58,048	58,048	58,048
기타 상품 및 서비스비	57,576	105,340	81,458	174,626
11개비목 합계	1,997,278	1,931,540	1,964,409	3,384,229
조세공과금	298,279	287,325	292,802	561,886
총계	2,295,557	2,218,865	2,257,211	3,946,115

그런데 한국에서 35~55세 인구가 정점을 찍은 것은 2010년 무렵이고, 서서히 감소하고 있는 상황이지만 아직 집값의 폭락은 오고 있지 않다. 이것은 평균 수명 증가로 인해 시기가 늦어질

구분	3인 가구	4인 가구(I)	4인 가구(II)	4인 가구(III)
식료품 및 비주류유료비	1,184,313	1,388,162	1,793,886	1,685,363
주류 및 담배비	212,992	212,992	212,992	212,992
의류 및 신발비	207,640	247,186	265,863	304,852
주택,수도, 전기 및 연료비	671,081	782,988	782,988	782,988
가정용품 가사 서비스비	179,752	206,958	207,636	207,636
보건비	206,654	278,891	278,891	278,891
교통비	470,006	538,562	607,682	634,747
통신비	162,184	222,250	282,316	282,316
오락 및 문화비	252,372	241,030	220,467	221,845
교육비	222,333	609,093	914,350	1,065,785
기타 상품 및 서비스비	208,116	229,455	238,245	239,056
11개비목 합계	3,979,443	4,957,366	5,805,114	5,916,271
조세공과금	670,150	836,913	1,035,990	1,148,564
총계	4,649,593	5,794,279	6,841,105	7,064,835

뿐, 얼마 있지 않아 일본처럼 부동산 가격 하락 추세가 나타날 것으로 본다.

이런 상황에서 김 교수는 부동산보다는 ETF 등에 투자를 권한다. ETF(Exchange Traded Fund)는 말 그대로 인덱스펀드를 거래소에 상장시켜 투자자들이 주식처럼 편리하게 거래할 수 있도록 만든 상품이다. 그는 워런 버핏이 극찬한 ETF의 매력을 몇 가지로 꼽았다. 우선 적은 금액으로 우량주에 분산 투자할 수 있다는 것이다. 두 번째는 경기가 하락세여도 수익을 얻을 수 있다고 봤다.

또 중국 등 해외증시도 손쉽게 투자할 수 있고, 운영이 투명하다는 점 등을 장점으로 꼽았다. 국내의 대표적인 ETF는 코스피 2000, 코스닥 150, KRX 100 등 우량주식을 선별해서 묶어 놓은 상품들이다.

그런 점에서 김영익 교수가 말하는 탁월한 투자자들의 특징을 살펴볼 필요가 있다. 김 교수는 탁월한 투자자는 첫 번째, 변화에 민감하며 위기 징후를 파악하는 능력이 있다고 봤다. 두 번째는 위기에 잠재된 기회를 살리기 위해 현금을 많이 보유해둔다는 것이다. 세 번째는 용기가 있다는 것이다. 즉 경제 위기가 닥치고 다른 사람들이 불안에 떨며 매도에 나설 때 반대 방향으로 행동하는 과감한 용기를 발휘한다고 말한다.

재테크의 가장 중요한 부분 가운데 하나는 고정 지출을 줄이는 것이다. 한국노총이 내놓은 표준생계비를 보면 2인 가구의 생계비는 395만 원 정도이고, 4인 가구의 생계비는 579만 원에서 706만 원 정도다. 문제는 100만 세대 가운데 향후 월수입으로 400만 원을 초과하는 이가 많지 않다는 것이다. 특히 도시 거주민의 경우 일자리를 구하기 쉽지 않은 만큼 중장기적인 재테크 전략을 고려해야 한다.

04

100만 세대의 귀농귀촌

우리나라의 블루오션이 농업과 관광이라면 거시적인 시각으로 이 두 가지에 접근할 수 있는 가장 좋은 방법이 있다. 바로 귀농귀촌이다. 100만 세대는 귀촌 등 새로운 주거 방향을 연구해볼 필요가 있다. 도시의 경우 한 달에 400만 원이 비용이 들지만, 농촌의 경우 돈을 거의 쓰지 않고도 살고 있는 이들도 많다.

필자의 고향은 전남 영광읍에서 8킬로미터 정도 떨어진 조용한 시골 마을이다. 고향 집 근처에는 5년 전 마을회관이 생겼다. 귀농한 여동생이 땅을 기부해서 집 근처에 마을회관이 지어졌다. 어머니를 비롯해 시골 마을 사람들의 상당수가 이곳을 거점으로 산다. 이곳에서 생활하면 쌀 등 주식은 물론이고 부식비, 심지어는 일주일에 한 번씩 특식비가 제공된다.

또 이곳은 영광 한빛 원자력발전소가 지역 주민에게 사회 환원 차원에서 다양한 혜택을 주기 때문에 얻는 복지 부분도 많다. 마을회관에는 가전제품은 물론이고, 안마기까지 설치되어 있으며, 난방비 등도 모두 국고에서 제공된다.

물론 타 지역 사람들이 이런 공동체에 들어가기는 낯설 수 있다. 하지만 그곳이 고향인 사람들이라면 상황은 달라진다. 어느 시기라도 고향에 돌아가면 환영받는다. 이미 지방소멸로 인해 걱정이 많은 지자체는 귀농귀촌 프로그램을 통해 인구를 늘리는 데 무엇보다 공을 들인다.

과거에는 출산을 하는 젊은 층을 원했지만, 최근에는 100만 세대 정도의 나이만 해도 환영하는 곳이 많다. 굳이 익숙하지 않은 농사를 짓기 위한 귀농을 고려하지 않아도 된다. 도시에서 폐지 줍는 노인은 월 20만 원 벌기도 힘들지만, 농촌은 겨울 농한기 외의 시간에 일할 거리가 많다. 일당도 중장년은 10만 원이 넘고, 노인도 8만 원 정도다.

귀농귀촌에 대한 정보도 '귀농귀촌지원센터'를 통해 쉽게 얻을 수 있다(www.returnfarm.com). 귀농의 경우 7단계 정도로 절차를 제시한다. 우선 귀농 정보를 수집하는 것이다. 위 홈페이지나 농업관련 기관, 단체, 농촌 지도자, 선배 귀농인을 방문하는 프로그램도 많다. 다음은 가족들과 충분히 의논하는 것이다. SNS의 글을 통해 이런 의사를 보이는 것도 한 방법이다.

다음은 어떤 작물을 기를 것인가를 고민해야 한다. 농사에 대한 경험이나 학습 능력은 물론이고 난이도 등을 잘 파악해야 한다. 다음은 영농기술을 익히는 것이다. 최근에는 기계가 발달하고, 렌털 서비스 등도 활발해져서 굳이 고가의 장비를 구입하지 않아도 된다. 대부분의 도시에는 농기계 임대사업이 있어서 귀농인이 활용할 수 있다.

가장 중요한 것 가운데 하나가 귀농할 지역을 선택하는 것이다. 건강이 좋지 않다면 병원 등 의료 서비스를 살펴야 하고, 호흡기가 나쁘다면 화력발전소 등이 없는 지역을 선택하는 게 좋다.

필자의 여동생 부부가 고향 마을에서 하는 마법 야채 가공 공장. 친환경 농산물을 건조하는 방식으로 또 다른 부가가치를 올리는 곳이다.

자신이 선택할 지역에 대한 정보를 모은 곳이 '웰촌'이다(www.welchon.com). 이곳에는 농촌 여행 정보와 더불어 영농·생활체험, 자연·생태체험, 힐링·레포츠체험, 공예·요리체험 등 다양한 프로그램이 있다. 수도권에서 멀지 않은 곳도 많은 만큼 무작정 귀농귀촌을 결정하기보다는 다양한 체험 프로그램을 이용하여 자신이 귀농에 적합한지, 그 지역의 정서에 동화될 수 있는지를 아는 게 좋다.

지역을 결정하고 나면 주택과 농지를 확인해야 한다. 농지를 렌털할 수 있는 농지은행이나 빈집 정보, 지원 정책도 꼼꼼히 살피면 된다. '농지은행'에 가면 손쉽게 임대나 구입이 가능한 농지 정보를 얻을 수 있다(www.fbo.or.kr). 정부가 농지연금 방식 등을 통해 농지를 확보해둔 경우가 많은데, 이런 곳은 좋은 조건으로 임대할 수 있는 곳도 많다.

농지 못지않게 중요한 것이 살 곳이다. 현재 지자체들이 다양한 방식으로 빈집 지원을 비롯해 다양한 주거 지원 프로그램이 있다. 전남 영광군의 귀농인 한옥체험관 운영, 주거공간 리모델링 지원사업 등이 있다. 한옥체험관은 영광에 있는 한옥집 2개를 이주자에게 무료로 사용하게 하는 것이고, 리모델링 사업은 가구당 500만 원을 지원하는 사업이다. 이런 방식의 지원은 전국

어느 지역이나 있는 만큼 잘 활용할 필요가 있다.

지역을 선택할 때, 주변에 좋은 교육시설이나 복지시설이 있는 곳을 선택하는 것도 좋다. 한 예로 전북 고창군 해리면에는 '책마을 해리'가 있다. 출판인으로 일하던 이대건 씨 부부가 귀향해 만든 책 문화공간이다. 폐교를 활용해 만든 이곳은 다양한 책의 공간이다. 남녀노소 책을 즐길 수 있고, 동네 할머니들도 자신의 이야기로 동화책을 만드는 곳이다. 이곳 인근으로 귀농귀촌지를 잡으면 자연스럽게 인문학적 수혜를 받을 수 있다.

농지를 확보하면 영농계획을 수립해야 한다. 농산물을 생산하여 수익을 얻을 때까지는 최소 4개월에서 길게 4~5년까지 걸린다. 무엇이 돈 된다는 정보만 믿기 보다는 농산물 소득 정보 등도 잘 살펴야 한다.

농사에 관심이 없는 이들의 경우 위 과정에서 농사 부분만 제외시키면 된다. 물론 처음부터 농사를 배제하겠다는 생각보다는 농사에도 관심을 갖는 것이 좋다. 무엇보다 공부가 많이 필요한 것이 귀농귀촌인데, 지금은 관련 사이트를 통해 손쉽게 정보를 얻을 수 있는 만큼 실패의 확률은 줄어든다. 제주도의 경우 한라봉 등 감귤 관련 농사를 지으면 500~1,000만 원 정도의 수익이 있고, 다른 작물은 200만 원 정도인 점을 감안해야 한다.

전남에서 고구마나 무화과 같은 농사를 지으면 연 2,000만 원 정도의 수입이 생긴다. 앞서 필자가 강조한 대중국 산업으로 약초에 접근하는 것도 한 방법이다. 현재 귀농 프로그램에는 황기, 오미자, 구기자, 당귀, 강황, 산수유, 맥문동 등이 주 재배 품종인데, 향후 시장 개척에 따라 천마 등 고급 약재에 접근하는 것도 한 방법이다. 그 밖에도 귀농귀촌 홈페이지에 들어가면 농촌진흥청 국립농업과학원이 제공하는 '흙토람 토양환경지도'에는 국내 모든 지역에서 어떤 작물을 재배할 수 있는지 환경을 금방 파악할 수 있다.

한 예로 필자의 고향인 전남 영광군 백수읍 천마리의 경우 황기나 당귀, 강황, 맥문동은 재배 환경이 맞지만 오미자, 구기자, 산수유 등은 맞지 않다는 것을 쉽게 알 수 있다.

05

100만 세대의 인생 2모작

1차 베이비부머들에게 인생 2모작은 들이닥친 문제지만, 100만 세대들에게도 이미 예외는 아니다. 일반 직장의 경우 50대에 들어서면 상당수가 퇴직을 염두에 둬야 하기 때문이다. 필자는 물론이고 동창 친구들에게서는 하루가 멀다고 퇴직과 재취업의 이야기가 나온다. 물론 자기 사업을 완성해 어느 정도 자립한 친구들이 부럽긴 하지만 극히 일부가 누리는 호사다.

인생 2모작의 시작은 다르게 말해 '치킨게임(Chicken Game)'에 들어간 시간이기도 하다. 말 그대로 비슷한 파이를 놓고 싸우는 치열한 대결의 장이다. 게다가 2모작으로 들어서 가장 많이 하는 자영업이 치킨 사업이다 보니, 이 말은 너무 유효 적절한 말이 됐는데, 그냥 웃어넘길 일은 아니다. 퇴직으로 생긴 마지막 기회를 제대로 준비하지 못한 자영업 시장 진출로 날리고, 위기에 빠지는 이들이 많기 때문이다.

중견기업에서 임원을 했던 필자 자형의 삶의 곡선은 그런 면에서 내가 앞으로 밟을 삶의 궤적을 어느 정도는 보여준다. 자형은 임원을 단지 얼마 되지 않아 자신을 끌어주었던 부회장이 다른 곳으로 직장을 옮기는 바람에 허무하게 옷을 벗었다. 1년여의 상무 생활을 마쳤을 때, 자형의 나이는 50대 초반이었다. 다행히 자형은 지인이 하는 무역업을 맡아서 크지는 않지만 안정적인 수입을 내면서 살아간다. 물론 누나도 어느 정도 수입이 있어서 살아가는데 지장이 없다.

반면에 자형의 가장 오랜 회사 동료는 치킨게임 판에 들어가 적지 않은 손실을 봤다. 중국 진출을 추진하면서 필자와도 많이 만났던 이분은 중국사업팀장이나 전략 부분을 맡을 만큼 유능한 분이었다. 하지만 49세에 회사에서 나왔다. 바로 뛰어든 사업은 음식점이었다. 종잣돈을 만들어 80여 평 규모의 갈빗집을 만들었다. 채 1년도 되지 않아 모든 것을 날리고 그만뒀다. 다음은 휴대전화 대리점을 시작했다. 역시 얼마 되지 않아 그만뒀다.

그렇게 몇 번의 실패를 겪은 후 자신을 돌아보고, 자신이 가장 잘할 수 있으면서 경제적 부담이 없는 일을 찾았다. 이후 한국고용정보원 사무직 베이비부머 퇴직 지원 프로그램 진행자 과정을 수료하고, 경영지도사를 딴 후 (사)한국코치협회 인증 코치(KPC/KAC)가 됐다.

2017년에는 '중년 퇴직자의 내 일 찾기 프로젝트'라는 부제가 있는 《퇴직하고 뭘 먹고 사나?》를 출간했다. 이전에 《흥하는 창업 망하는 창업》도 출간해둔 상황이었기 때문에 관련 강의를 할 수 있었다. 큰 수익도 아니고 고정적이지는 않지만, 일정 정도의 일을 찾은 셈이다. 결과적으로 자형의 친구가 자리를 잡을 수 있는 것도 자신이 잘하는 것을 계속 계발했기 때문이다. 특히 책을 통해 어느 정도 자기 브랜드를 만들 수 있었던 것도 늦게나마 2모작이 안정을 찾을 수 있는 이유였다.

필자가 인생 2모작의 가장 큰 성공 사례로 꼽는 분은 우리 여행사의 고문 역할을 하시는 정지영 총장이다. 정 총장님의 첫 직장은 금융사였다. 이후 한 직장에서 지속적으로 일하면서 가장 높은 자리인 대한화재(現 롯데손해보험) 대표이사까지 역임했다. 그런데 퇴직한 나이가 너무 젊었다. 그 뒤 정 총장님은 쉬지 않고 중국을 만나기 시작했다. 방송대 중어중문학과에 등록해 중국 공부를 시작했다. 그러면서 중국을 10개 권역으로 나누어 여행을 시작했다. 31개 성시 가운데 한 번에 3개 정도의 성을 한 달 정도씩 다니는 방식이었다. 정 총장님은 여행을 계획하면서 코스나 교통 등에 관해 나에게 질문 메일을 보내면서 인연을 맺었다. 필자가 베이징에 거주하던 시기였다.

한국에 나와서 만난 후 나는 우리 회사 고문직을 제안했고, 흔쾌히 응해주셨다. 그리고 얼마 후 이번에는 실크로드 여행을 기획했다. 시안에서부터 카스에 이르는 만만치 않은 구간이었다. 나도 안 가본 곳이 있었지만, 꼼꼼히 자료를 취합해 코스를 짰다. 부족한 정보는 일본 책자까지 구입해서 보셨다.

그렇게 50여 일을 여행하시고, 귀국해 나에게 메일을 보냈다. 기존 실크로드 여행 자료들이 너무 부실하고, 잘못된 정보도 많다는 것이다.

나는 그 말씀을 듣고 곧바로 제안을 드렸다.

"그럼 고문님이 직접 실크로드 여행서를 써보세요. 제가 가진 자료들이나 정보도 취합해서 하면 어렵지 않게 쓰실 수 있을 겁니다."

평소에 글조차 써보지 않으신 분으로서는 부담이 됐지만 해보겠다는 의지를 보이셨다. 나는 《알짜배기 세계여행 중국》을 출간한 성하출판에 연락해 출간 가능 여부를 물었다. 일단은 쓰고 보자는 입장이었다. 그렇게 2006년 5월에 《실크로드 – 알짜배기 세계여행 시리즈》를 정 고문님의 이름으로 출간했다. 다음 해 경남

거제에 있는 대우조선 산하 거제대학교에서 총장 공모가 있었다. 정 고문님은 이 공모에 지원했고, 이 대학의 6대 총장이 됐다. 정 고문님이 직접 밝힌 합격의 배경에는 책이 크게 작용했다는 말도 있었다. 이후 한 번 더 총장을 맡았고, 2016년 2월에 전체 임기를 마쳤다.

그 후로는 뉴질랜드 한 달 여행 등 여행에 취미를 붙여서 다양하게 세계를 여행했고, 올해 6월에는 《유적지 찾아가는 일본 여행》을 출간해 여전한 힘을 보여줬다. 자칫 멈출 수 있는 인생의 후반기가 책 출간을 통해 자연스럽게 다른 일로 연결됐고, 60대 중반까지를 잘 설계하게 된 것이다.

그럼 100만 세대가 가능한 인생 2모작은 무엇이 있을까. 이와 관련해 퇴직자의 재취업이나 생활에 관한 많은 책이 있다. 그런 책들에서 가장 강조하는 것이 자신이 하고 싶은 것을 찾기보다는 잘할 수 있는 것을 연결하라는 것이다. 말재주가 있다면 지역에서 필요한 문화해설사 등도 충분히 가능하다. 외국어가 가능하다면 아예 여행 가이드로 나서는 것도 방법이다. 지자체들은 지역의 스토리에 애정을 갖고 말을 잘할 수 있는 가이드들을 많이 필요로 한다. 이들은 상황에 따라 지자체 등에 소속되어 일정한 수입을 올리기도 한다.

인생 2모작은 당연히 치밀한 준비가 필요하다. 닥쳐서 하겠다는 것은 지나친 자만이다. 《은퇴 후에도 나는 더 일하고 싶다》를 쓴 최재식 전 공무원연금공단 이사장은 "준비되지 않은 은퇴의 심각성을 자각해야 비로소 은퇴 준비에 대한 동기가 부여된다. '그때 가서 생각하지'라는 막연한 낙관주의는 은퇴자들을 위험 지대로 몰아넣는다. 스스로 노년을 준비하지 않는다면 가난하고 외로운 노년으로 지낼 수밖에 없다. 은퇴 후 더 행복한 삶을 살 것인지, 더 불행한 삶을 살 것인지는 자신의 선택에 달려 있다. 행복한 은퇴 생활을 꿈꾼다면 '그냥 어떻게 잘 되겠지'라는 생각부터 빨리 버려야 한다"라고 말한다.

그렇다면 인생 2모작의 준비는 어떻게 시작하는 것이 좋을까. 무엇보다 중요한 것은 육체 건강과 정신 건강의 안정을 갖는 것이다. 갑작스러운 퇴직은 경제적 문제를 만들 뿐만 아니라 자존감을 무너뜨리는 경우가 많다. 결과적으로 정신이 무너지면 몸까지도 자연스럽게 따라간다. 그런데 몸과 마음이 무너지면 새로운 일을 찾는 것도 불가능할 뿐만 아니라 의료비 등으로 인해 감당할 수 없게 되는 경우가 많다.

이와 관련해 철학적 성찰도 필요한데 생물학자인 최재천 교수가 쓴 《당신의 인생을 이모작하라》는 시간이 지났음에도 여전히 공감을 많이 얻는 책이다.

"50세를 기점으로 제1 인생과 제2 인생으로 확실히 구분해야 한다. 제2 인생에선 제1 인생의 직업을 확실히 은퇴하고, 제2 인생에 뛰어들어야 한다. 두 인생 체제에선 기본적으로 은퇴란 없다. 당당하게 새로운 삶을 살 수 있도록 제1 인생과는 다른 새로운 직업을 찾아 당당하게 살아야 한다. 두 인생이 확실히 구분되면, 일자리를 두고 벌어지는 세대 간 갈등도 없다. 이를 위해선 사회구조가 근본적으로 바뀌어야 하고, 사고의 대전환이 반드시 필요하다."

최 교수의 경우 50살을 전후로 개개인이 큰 변화를 해야 한다는 점에서 특징이 있다. 물론 최 교수의 이런 전제는 50세 이후에는 자녀가 대학에 가고, 사회에 진출하게 된다는 가정하에 이야기다. 과거보다 많은 돈이 들어가지 않기에 적은 급여와 복지 혜택을 받으면서 50세 이후에도 잘 할 수 있는 경험이 필요하고, 본인이 평소 하고 싶었지만 못했던 일에 집중하며 여유롭게 은퇴 없이 살아가야 한다는 것이다.

다만 앞서 이야기했듯이 100만 세대의 50대는 이전 세대와는 조금 차이가 있다. 늦은 결혼으로 인해 아이들이 독립하지 못한 숫자가 상당수다. 더욱이 아이들은 캥거루족(학교를 졸업해 자립할 나이가 되었는데도 부모에게 경제적으로 기대어 사는 젊은이)이나 니트족(일하지 않고 일할 의지도 없는 청년 무직자)도 있기 때문에 쉽게 이런 결정을 할 수 있는 것도 아니다. 이런 전체적인 흐름에서 인생 2모작을 설계해야 한다.

06

100만 세대의 새 일자리

2016년 4월 한국고용정보원은 베이비부머 직업탐색 가이드《인생 2막, 새로운 도전》을 발간했다. 이 책은 주된 일자리를 떠나 인생 2막을 설계하는 베이비부머들이 도전하기에 적합한 직업 30개를 선정해, 각 직업이 하는 일을 소개하고 해당 직업을 가지려면 무슨 준비를 해야 하는지 등을 알려준다. 이 책의 대상은 1차 베이비부머들이지만 이 흐름이 100만 세대에게도 오는 만큼 주의해서 볼 가치가 있다.

우선 이 책은 베이비부머에게 적합한 30개 직업을 '틈새 도전형', '사회공헌 취미형', '미래 준비형' 세 가지 유형으로 소개한다.

첫 번째, '틈새 도전형'은 베이비부머의 가장 큰 장점인 직장생활 경력과 풍부한 인생 경험, 이를 통해 구축한 인적·물적 네트워크를 활용해 도전할 수 있는 직종이다. 특정 분야 전문지식이나 경력이 매우 중요하기 때문에 진입장벽이 다소 높을 수 있지만, 중단기 교육과정을 통해 업무 지식을 쌓으면 재취업이나 창업이 가능하다.

이런 형태의 일자리로 제시되는 몇 가지를 보자. 우선 '협동조합 운영자'나 '오픈 마켓 운영자'는 비슷한 특성의 일자리다. 협동조합의 경우 이미 결성된 비교적 강한 고리의 네트워크망이다. 우리나라에서 가장 큰 협동조합은 '한살림'과 '아이쿱', '두레'가 대표적인 사례다. '한살림'의 경우 회원 66만 명, 연매출 4천억 원대의 초대형 협동조합인 만큼 안정적이다.

반면에 개인이 할 수 있는 역할도 지극히 제한되어 있다. 또한 오픈 마켓 운영자는 상대적으로 자신의 역량이 필요하다. 가령 배추나 고구마 등으로 유명한 전남 해남에는 농가가 많지만, 자체적으로 마켓을 만들고 홍보 마케팅을 할 수 있는 이들은 많지 않다. 그런데 이곳에서 얼마간 신뢰를 쌓은 사람이라면 직접 홈페이지나 카페 등을 개설해서 생산자와 소비자를 바로 연결할 수 있는 오픈 마켓을 운영할 수 있다. 실제로 수많은 영농조합법인이나 수산물조합법인이 만들어졌고, 시장 개선에 큰 역할이 가능하다. 과거에는 물류가 발달하지 못했지만, 최근에는 이런 시스템이 갖추어졌기 때문에 가능해진 일이다.

두 번째, '사회공헌·취미형'은 그동안 쌓은 경력과 경험을 활용해 사회에 기여하거나 취미 삼아 일할 수 있는 직업들이다. 직장생활, 내 집 마련, 자녀교육, 부모 봉양 등으로 앞만 보고 달려오느라 그동안 놓쳤던 다른 의미의 직업을 찾고자 하는 베이비부머에게 추천할 만한 직업이다. 젊은 세대나 내가 사는 마을과 이웃을 위한 일, 자연과 벗할 수 있는 일 등 여생을 의미 있게 보내는 데 도움이 될 만한 직업들이다.

이 분야에 대표적인 일로 청소년 유해환경감시원, 마을재생 활동가, 목공기술자, 문화재 해설사, 웃음 치료사 등이 있다. 다만 이 분야는 수익보다는 사회봉사에 비중이 높은 편이다. 따라서 어느 정도 경제적 문제에서 벗어난 이들이 선택할 때 효과가 있다. 또 자신의 적성이 맞아야만 잘 안착할 수 있는 만큼 자신의 재능적인 요소를 잘 파악해서 선택해야 한다.

공직 생활을 하면서 지역을 안내하면 그 지역의 문화해설사분들이 나와서 해설을 해주신다. 가령 전북 부안군을 방문할 때나 군산시를 방문할 때, 지역에 대한 해박한 지식을 가진 안내자들이 나와서 설명하면, 그 지역을 다시 볼 수 있게 된다. 그런데 이런 분들은 대부분 공무원이나 교사 등을 지낸 지역 출신이 많은 만큼 새롭게 일을 시작해 도전하는 데 한계가 많다. 반면에 목공기술자나 웃음 치료사처럼 어느 정도 교육 과정을 거친 후에 할 수 있는 분야도 있다.

세 번째, '미래준비형'은 앞으로 활성화가 기대되는 새로운 직업들로, 현재 교육 과정을 준비 중이거나 관련 자격증을 새로 만들고 있다. 이들 직업은 아직 국내에 제대로 정착되지 않았지만, 미래 일자리 수요가 있는 직업들로, 법·제도의 정비 등 활성화 방안을 통해 일자리 창출이 가능한 직업들에 해당한다. 이 분야에 해당하는 직업으로는 노년 플래너, 전직지원 전문가, 이혼상담사, 기업재난관리자 등이 있다. 이 분야는 아직 정착되지 않았지만 나름대로 전문 지식이 필요한 분야다.

가령 노년 플래너나 전직지원 전문가는 사실상 보험 설계사나 헤드헌팅이 하는 일과 별반 차이가 없다. 따라서 그 분야에 대한 포괄적인 지식을 갖고 있는 이들이 유리하다. 또 사람들과 상담을 통해 답을 찾아가는 분야인 만큼 심리학 등에 관한 일반 지식을 갖춘 이들이 유리하다.

100만 세대 중 한 명인 필자도 고민이 많다. 물론 일반인들에 비해서는 좀 더 포괄적인 면에서 다양한 역할을 할 수 있다. 그간 중국 전문가이자, 노마드 라이프, 4차 산업혁명 등의 전문 강사로 활동한 만큼 기회가 되면 강의를 통해 일정한 소득을 올릴 수 있다.

〈인생 2막, 새로운 도전〉수록 직업

유형		직업명	직무개요
틈새 도전형	1	협동조합 운영자	특정 목적에 따라 협동조합을 설립하고 직접 협동 조합 운영·관리
	2	오픈마켓 판매자	오픈마켓의 운영, 마케팅, 고객관리 등의 전반적 인 업무 관리
	3	기술경영 컨설턴트	기업경영 중 기술 부문에 대한 특화된 문제점 진단 및 전략 수립, 컨설팅 수행
	4	투자심사역	창업 및 벤처기업 등을 대상으로 투자에 대한 심사 진행
	5	창업보육 매니저	창업종목 선정부터 개설까지 각 단계의 업무를 총 괄적으로 관리
	6	귀농귀촌 플래너	은퇴 후 귀농·귀촌 희망자를 대상으로 이에 필요 한 준비사항 및 방법 안내
	7	스마트팜 운영자	스마트폰을 비롯한 스마트기기로 스마트팜 기술이 적용된 농장을 운영하며 작물 재배
	8	흙집 건축가	흙집을 설계하고 직접 흙집을 건축하는 등 하나의 흙집이 만들어지는 전 과정에 참여
	9	도시 민박 운영자	관광객 대상의 민박 사업을 기획하거나 직접 민박 운영
	10	공정무역 기업가	저개발 국가의 생산자와 소비자 사이에서의 공정 한 무역으로 제품을 판매하는 기업 운영
	11	1인 출판기획자	1인 창업의 형태로 출판물을 기획하고 출판
	12	유품 정리인	가족의 돌봄 없이 사망한 사람들의 유품, 재산 등 을 정리 및 처리
사회 공헌 · 취미형	13	청소년 유해 환경 감시원	정책적 모니터링 차원에서 청소년의 유해환경을 감시 모니터링
	14	청년 창업 지원가	경력 및 전문성을 활용해 재능기부 차원에서 청년 창업 지원
	15	인성교육 강사	학교폭력 예방, 또래 관계 개선, 스마트폰의 올바른 사용 교육 등 청소년의 인성을 강화하는 교육 실시

사회 공헌 · 취미형	16	마을재생 활동가	쇠퇴, 낙후된 지역의 경제적, 사회적 재활성화와 물리적 정비를 통합하여 마을 재생사업 수행
	17	도시농업 활동가	도시농업에 적합한 농법을 개발하고 보급함으로써 도시민들이 어려움 없이 텃밭이나 주말농장을 할 수 있도록 유도
	18	목공기술자	목공기술을 활용해 가구, 창호시설, 목조주택 등 제작
	19	손글씨 작가	붓을 이용하여 헤드라인, 타이틀, 로고 등의 글씨를 써서 작품화
	20	숲 해설가	동식물 및 곤충 등의 생태환경 및 생활 등을 숲 등 현장 방문객에게 해설
	21	문화재 해설사	우리 문화에 대한 이해를 바탕으로 관광객에게 문화재 해설
	22	웃음 치료사	웃음을 유도하여 몸과 마음이 건강해지도록 하는 활동 지도
미래 준비형	23	생활 코치 (라이프코치)	개인의 목표를 스스로 성취할 수 있도록 자신감과 의욕을 고취시키고 잠재력을 발휘하도록 코치
	24	노년 플래너	노인의 건강, 일, 경제관리, 정서 관리, 죽음 관리 등의 상담 및 조언
	25	전직 지원 전문가	퇴직 후 이·전직이나 창업을 희망하는 사람에게 제2의 직업을 추천하고 이에 대한 상담 및 컨설팅
	26	이혼 상담사	이혼을 고려하는 사람들을 대상으로 심리상담과 법적 절차, 이혼 후의 재무, 라이프플랜 등 상담
	27	산림치유 지도사	산림, 휴양림 이용자가 건강을 유지하고 회복할 수 있도록 산림치유 프로그램을 개발·보급
	28	기업재난 관리자	기업 차원에서 각종 재난 발생 시 기업 활동을 연속적으로 유지하고, 2차 피해 방지를 위한 계획 수립
	29	주택임대 관리사	집주인의 의뢰를 받아 임대 주택의 각종 문제 등을 처리하고 관리
	30	3D프린팅 운영전문가	3D프린터의 조립, 유지보수 및 이를 활용한 제품을 제작하고 판매

또 중국에 익숙하고, 여행사를 운영하는 만큼 적당한 규모로 여행 사업을 하면서 살아갈 수 있다. 지난 2004년 1월 여행사를 시작하고 가장 애를 먹었던 것은 타사에 비해 높은 여행 가격이었다. 우리 여행사는 모든 상품을 '노 팁, 노 옵션, 노 쇼핑'으로 운영했다. 당연히 타 여행사에 비해 원가가 높았다. 게다가 전문가를 동반하고 진행하는 '열하일기 테마', '중국 한시 기행', '임시정부 여정 답사'는 물론이고 중국 정부나 기관 면담을 주관하는 일도 많아서 상대적으로 질은 좋지만, 비용이 높았다.

그리고 필자가 여행사 출신이 아니다 보니 항공권 확보와 비용적인 부분에서도 애를 먹었다. 하지만 항공권 시스템이 오픈되면서 이제는 저렴한 여행보다는 여행의 문화적 수준을 높이는 것이 더 부가가치를 갖게 됐다. 또한, 공직생활이나 기업 임원생활을 통해 투자유치나 스토리텔링 등 전문분야에서 활동한 만큼 그 분야에서 컨설팅 역할을 할 수 있다.

하지만 세상 누구도 안정적으로 보장되지 않은 일자리 상태라면 불안을 느낄 수밖에 없다. 이럴 때 필요한 것이 앞서 말한 노년 플래너들이다. 노년 플래너는 자신의 자산이나 향후 수익 등을 고려해 안정적인 삶을 제안해 줄 수 있는 이들이다. 이렇게 100만 세대의 삶은 그냥 혼자 살아가는 것이 아니라 주변과 연대하고, 협업하면서 살아야 한다.

07

100만 세대의 소비 미래

100만 세대는 앞선 1차 베이비붐 세대와 더불어 중장기적으로 우리나라 소비의 여력이 가장 큰 세대다. 그러면 이들의 소비는 어떤 방향으로 흘러갈까. 삼정KPMG 경제연구원이 2019년에 출간한 《新소비 세대와 의·식·주 라이프 트렌드 변화》는 이런 흐름을 잘 볼 수 있는 보고서다.

이 책은 우리 소비시장에서 베이비부머와 X세대(1970~80년 출생)에서 밀레니얼 세대(1981~96년 출생)와 Z세대(2001년 이후 출생)로 전환 중인 점에 주목한다. 하지만 이 보고서에서도 가장 주의해야 할 점은 일단 가장 소비능력이 있는 베이비부머와 X세대를 벗어날 수 없다.

이 분석에서 가장 중요하게 읽은 요소는 '나' 중심의 소비가 늘어난다는 것이다. 1자녀 세대가 증가하고, 독신주의자, 사별로 인한 독신이 많아지는 상황에서 한 사람 중심의 소비는 피할 수 없다. 이런 흐름에서 주목할 수 있는 것 가운데 하나가 공유 경제의 확산이다.

소카, 그린카 등으로 대표되는 공유차는 물론이고 차량 공유, 승차 공유도 자동차 이용의 한 키워드다. 결과적으로 이렇게 되면 자동차 판매가 줄어들고, 거리에서 차들은 줄어들 수 있고, 주차공간을 줄여서 가용성이 높아질 수 있다. 공유 경제는 숙박 공유 등 다양한 분야로 점차 확산되는 추세다.

특히 수도권 인구 과밀화는 높아가는 데, 강남 등지의 집값은 오르면서 PIR(Price to Income Ratio, 소득대비주택가격비율)은 지속적으로 높아졌다. 젊은 층들은 집값이 올라가면 자신의 능력으로 살 수 없다는 것을 느끼기도 하고, 주택 대신에 여행 등 다른 소비를 늘리는 방향으로 전환하기도 한다.

또 1인 가구의 증가는 가사를 단순하게 하는 방향으로 이끌고 있다. 세탁, 요리 등이 노동으로 인지되면서 간단하게 이런 일을 끝낼 수 있는 제품을 선호한다. 우유 대신에 아몬드 밀크를, 일반 삼겹살 대신에 간단하게 조리할 수 있는 이베리코 돼지고기를 찾는 것이다. 식문화에서 가장 특기할 점은 가정간편식(HMR) 시장의 부상이다. 2013년 1조 6,000억 원 가량이던 이 시장은 2017년 2조

6,000억 원으로 급성장했고, 최근에는 대형 유통업체들도 뛰어들면서 증가세가 더욱 가팔라질 전망이다.

주 52시간 근무제 등이 정착되고, 주 4일 근무제가 논의되면서 여행 등에 대한 소비도 확산되는 추세다. 이러면서 가장 주목받는 스포츠가 골프다. 서울대 스포츠산업연구센터 강준호 소장이 주도해 발간한《한국 골프산업백서 2018》에 따르면 2017년 국내 골프산업의 규모는 12조 4,028억 원이었다. 연간 7%씩 커진 것으로 나타났다. 경제성장률을 감안하면 상당히 가파른 시장 확대다. 이중 골프를 직접 치거나 관람하는 갤러리 및 TV 시청자를 뜻하는 '본원시장'이 4조 9,409억 원(39.8%), 골프용품, 골프장 운영, 시설관리 등 '파생시장'은 7조 4,619억 원(60.2%)이었다.

골프 시장의 미래는 새로운 소비층의 동향에 따라 달라진다. 과거에는 골프장의 증가에 비해 소비층이 늘어나지 않으면서 부정적 전망이 나오기도 했다. 하지만 신규 진입이 줄어드는 가운데, 스크린 골프 증가에 따른 골프장 증가도 눈에 띄었다.

국내 골프 산업은 중국 등의 흐름에 따라 미래 산업으로 성장할 수 있는 가능성이 있다. 특히 주중 시간에 중국 하이엔드 층이 소비자로 들어오고, 상대적으로 우수한 선수가 많은 한국 골프 코칭 시장도 지속적으로 커갈 수 있다. 골프 장비 시장은 일본 등이 강세지만 향후 한국 브랜드의 성장도 내다볼 수 있다.

100만 세대의 또 다른 이름 가운데 하나가 X세대다. 이 층은 1980년생까지 확장되는데, 이들의 문화적 특성을 볼 필요가 있다. 우선 X세대의 95%가 페이스북을 사용한다. 35%는 링크드인을, 25%는 트위터에 정기적으로 게시물을 올린다. 즉 마케팅의 기법으로 소셜 미디어를 써야만 한다는 것을 말한다. 또 X세대는 모든 세대에 걸쳐 최고의 브랜드 충성도를 가진다는 것이다. 브랜드를 형성해야만 중장기적으로 시장 공략을 할 수 있다는 점을 알아야 한다. 그리고 모바일에 익숙하고, 과거에 대한 향수를 갖는다고 한다.

드라마 〈응답하라 1997〉, 〈응답하라 1994〉, 〈응답하라 1988〉의 주요 인물들은 지금 나이로 보면 100만 세대에 가깝다. 방영 시점 기준으로 만 31세(1980년생)였던 성시원, 38세(1975년생)였던 성나정, 44세(1971년생)인 성덕선은 대학교 학번으로는 각각 99학번, 94학번, 90학번이다.

또한, X세대의 가장 큰 화두 가운데 하나는 가성비다. 가장 대표적인 것이 이동전화 소비 패턴에 나타난다. 2010년부터 급속히 보급된 스마트폰은 가정에서 가장 흔하게 하는 과소비 가운데 하나다. 신제품이 출시될 경우 100만 원 정도인 이동전화를 한 가족 세 명이 모두 쓸 경우 300만 원이 소비된다. 더욱이 한국에서 소비전화 교체 주기는 2년 정도가 보통이다. 그러니 100만 세대에게 이런 소비에 대한 회의가 드는 것이 당연했다. 결과적으로 다양한 변화가 생겼다. 중국의 경우 샤오미나 화웨이 등의 주력 브랜드가 보통 30만 원 정도다.

필자보다 두 달 어린 번역가 김택규 씨의 집안도 예외는 아니다. 과거 100만 원대의 고가 사양을 쓰다가 1~2세대 전 버전을 쓰는 방식을 택했다. 이런 폰들은 무료를 표방하지만, 실제적인 가격은 30~40만 원 정도로 저렴하다. 사실 1,000만 화소가 넘어가는 핸드폰이나 128기가(Giga) 이상의 저장용량인 핸드폰이 굳이 필요하지 않기 때문이다.

필자도 예외는 아니다. 배터리의 성능에 문제가 생긴 아이의 핸드폰을 교체하다가 선택한 것이 20만 원 짜리 샤오미 전 세대 폰이다. 저장용량도 충분하고, 글로벌 롬을 설치해서 별다른 문제가 없다. 유심만 교체하면 되기 때문에 교체에도 아무런 어려움이 없다.

이런 흐름은 세대와 무관하게 일반적인 현상이 됐다. 메리츠 종금증권 리서치센터가 조사한 스마트폰 이용자들의 기기 교체 주기는 2013년 28.3개월에서 2018년 32개월로 길어졌다. 일반적으로 쓰기에 불편함이 없는 저장 용량이 64~128기가이기 때문에 앞으로도 더 고사양을 찾는 소비자는 극히 한계가 있을 전망이다. 물론 하이엔드 소비층은 폴더폰 등 더 고사양 스마트폰을 향해 갈 수 있지만, 일반적인 소비자는 이런 흐름을 바꾸기 쉽지 않을 것이다.

08

100만 세대의 글쓰기

적자생존이라는 말이 있다. 환경에 잘 적응하는 생물이 가장 오래 살아남는다는 적자생존(適者生存)도 있지만 '적는 자만이 살아남는다'는 말장난도 있다. 글을 쓰는 것은 나이를 먹어가는 사람들에게 무엇보다 중요하다. 자신이 어디에 있는지를 알고 싶다면 글로 적는 것이 가장 효과적이기 때문이다.

필자의 지인 가운데는 글 쓰는 사람들이 많다. 《대통령의 글쓰기》로 유명한 강원국 작가나 글쓰기 강사로 명성이 높은 백승권 작가, '감이당'을 이끄는 고미숙 작가 등은 물론이고 국내에 내로라하는 작가들은 한 다리 건너면 모두 잘 안다. 이들은 대부분 글쓰기와 글쓰기 강의로 생계를 꾸릴 정도로 이름을 얻었다. 보통은 나보다 몇 살 정도 선배들이다. 그런데 이들 가운데 처음부터 글쓰기나 글쓰기 강사로 주업을 생각한 이들은 많지 않다.

강원국 작가는 기업에서 홍보 쪽 일을 하다가, 이후 한 단계씩 변모해 김대중 대통령과 노무현 대통령의 글을 쓰는 연설비서관을 지냈다. 그때만 해도 자기의 글이 아닌 대통령의 뜻을 전달하는 사람이었다. 하지만 정권이 바뀌고는 출판기획을 했다. 이후 블로그 등 SNS를 통해서 글쓰기에 대한 자신의 생각을 정리했다.

처음에는 대통령에게 필요한 글을 쓰는 노하우를 전달했고, 나중에는 자신의 글쓰기를 정리해 《강원국의 글쓰기》라는 책을 내는 방향으로 변화했다. 굳이 대통령을 내세우지 않아도 되는 경지에 이른 것이다. 책이 인기가 끌면서 자연스럽게 방송에 출연하게 됐고, 책과 방송은 시너지 효과를 내면서 자연스럽게 전문 강사로서 입지를 굳혀갔다.

그런데 강 작가의 글을 통한 자기 성찰은 그냥 온 것은 아니다. 그는 이명박 정부가 되면서 청와대를 나왔다. 다행히 그의 역량을 아는 대기업에서 자리를 제안했다. 그즈음에 몸이 이상해 병원에서 진단을 받았다.

"의료진은 제 진단 영상을 보고 암일 확률이 98%라고 말했습니다. 중간에 추석까지 끼어 있어서 20일을 공포에서 살았습니다. 명절에 가족들이 모여서 통곡했습니다. 그리고 오진이라는 결과가 나왔습니다. 이후 많은 것이 바뀌었습니다. 전직 청와대 비서관으로 다른 사람의 글을 읽고, 말을 듣고, 행동하는 나에서 자기 자신을 말하는 삶으로 바꾸기 시작했습니다."

암 선고를 받은 순간 그는 처형장에서 죽음을 기다리던 도스토예프스키(F. M. Dostoyevsky)와도 같았을 것이다. 다행히 결과가 뒤집혔다. 그리고 그는 번지르한 월급이 보장된 대기업 대신에 편집, 교정, 교열 등 출판의 전반을 진행하는 출판사의 평직원이 됐다. 그렇게 2년 후인 2014년 2월 《대통령의 글쓰기》를 출간했다. 글쓰기 책으로는 드물게 베스트셀러가 됐다.

이후 1,000회 정도의 강연도 했다. 방송에 출연하면서 스스로 즐기는 '관종(관심종자)'이 괴롭다는 것도 서서히 알아냈다. 이후 4년이 지난 2018년 7월 《강원국의 글쓰기》를 출간한 것이다.

《강원국의 글쓰기》를 한 문장으로 정리하라면 '쓴다. 고로 존재한다'라고 할 수 있다. 천 리 길도 한 걸음부터라는 말처럼 시작하지 않으면 명작 또한 나올 수 없다. 작가는 쉽게 털어놓을 수 없는 자신의 이야기를 통해서라도 '쓰는 것'이 얼마나 소중한 것인가를 독자에게 알려주려 노력한다. 몇 차례 이야기되는 어머니의 장례식, 책은 많다지만 남의 집 일수밖에 없는 친척 집에서의 생활, 사라져버린 아내의 연애편지 이야기 등은 저자가 써야만 존재할 수 있다는 것을 보여주는 흥밋거리다. 물론 이 책도 베스트셀러가 됐다.

강 작가의 사례는 두 가지를 말해준다. 모두가 어느 순간에 죽음이 다가올 수 있다는 것과 그런 공포를 어떻게 극복하고, 그것을 삶에 새로운 전기로 만들 수 있는가 하는 것이다.

필자의 전작 《노마드 라이프》에도 소개한 고미숙 작가와 백승권 작가 역시 마찬가지다. 내가 사숙하는 작가인 고미숙은 책 읽기와 글쓰기를 통해 끊임없이 진화하는 사람이다. 특히 고 작가가 이끄는 감이당이나 남산강학원은 나이에 상관없이 참여해볼 수 있는 흥미로운 인문 공동체다.

원래 고 작가는 철학자 이진경 등과 같이 지식공동체 '수유+너머'로 시작했지만, 2011년 10월부터는 '감이당'과 '남산강학원'으로 독립했다. 당연히 지식과 돈에 굶주린 수많은 사람들이 경유했고, 지금도 같이하는 이곳은 필동에서 남산으로 들어가는 골짜기에 자리하고 있다.

벌써 고 작가와의 인연도 15년여인데, 가장 큰 느낌은 지식의 깊이가 더 넓고, 더 깊어가는 것이다. 처음에는 고전 '열하일기'에서 시작했지만 이후, 동양으로 넓어졌고, 동양에서 다시 서양으로 갔다. 시간도 다양하게 왕복한다.

고 작가 역시 필자와 인터뷰에서 이렇게 말했다.

"많은 변화가 있었다. 그리고 그건 너무 당연하다. 시간은 모든 존재를 변화시키는 법이니까. 성숙이냐 아니냐는 중요하지 않은 거 같다. 가장 달라진 점이라면, 성질이 좀 좋아진 거? 예전에는 훨씬 까칠하고 소심하면서 과격했다면, 지금은 내가 생각해도 많이 느긋하고, 푼수가 됐다. 다 고전의 스승들과 공동체의 벗들 덕분이다."

고 작가는 자신이 처음 글을 쓸 때 상당히 까칠한 사람이었다고 회고한다. 그런 고 작가를 바꾼 인물이 바로 첫 지적 세계를

2004년 여행사를 만든 뒤 첫 테마여행이 〈고미숙과 떠나는 열하기행〉이었다. 전작 《노마드 라이프》를 출간 후 고미숙 작가가 활동하는 남산강학원을 찾았다. 왼쪽은 내 뒤를 이어 중국에서 코디네이션 활동을 하는 서준석.

확장해 준 연암 박지원이다. 연암은 고 작가에게 타인을 비판하는 것으로 명예를 얻는 것은 떳떳한 것도 못 되고, 특히 자신을 미워한다고 믿는 비평가의 말을 듣고 자신을 바꿀 사람이 없다는 것을 알려줬다. 대신에 좋은 지식을 쉽게 전달하는 일에 접어들었다. 이후 '동의보감'이라는 텍스트를 만났고, '서유기'를 비롯한 수많은 여행기를 지나 지금은 주역과 불경으로 간다고 했다.

그리고 위 과정에서 고 작가는 자신과 같이 지식을 살찌우는 도반을 빼놓지 않는다. 그런데 특이한 것은 작가가 지성계에 던진 파문에도 불구하고, 이런 지식 공동체의 지속적인 탄생은 이뤄지지 않는다. 이에 대해 고 작가는 이렇게 말한다.

"아마도 생활과 지식을 결합한다는 발상을 잘 하지 않는 것 같다. 아니면 별로 중요하다고 여기지 않거나. 사회적으로 본다면, 지난 10여 년 동안 지역마다 도서관, 평생학습관, 박물관 등 지식을 향유할 수 있는 기본시설들이 대폭 확장됐다. 그곳을 일상적으로 드나드는 이들도 늘었고. 그래서 굳이 지식인 공동체를 따로 구성할 필요를 느끼지 못하는 것일 수도 있다."

글쓰기로 한 영역을 구축한 두 사람은 필자에게도 가장 부러운 사람들이다. 하지만 이것은 전문가의 영역으로 국한하여 생각하면 안 된다. 앞서 말한 '쓰는 자만이 살아남는다'는 말은 100만 세대들이 앞으로 살아가는 데 중요한 지침이 될 수 있다.

50살이 넘어가면서 실직이나 퇴직 등도 빈번해진다. 이때 자신의 위치를 돌아볼 수 없으면 자존감은 극도로 떨어지고, 갈피를 잡지 못하게 된다. 그럴 때 가장 권하고 싶은 것이 자신의 글을 써보고, 기회가 된다면 책으로까지 출간해보라는 것이다.

《당신의 책으로 당신을 말하라》를 쓴 이임복 '세컨드 브레인' 연구소 소장은 자기보다 글을 잘 쓰는 사람들은 많은데, 정작 책을 낸 사람은 거의 없다고 말한다. 때로는 용기가 없어서, 때로는 누가 리드해주지 않아서 책 쓰기를 하지 못했다고 말한다. 그는 책 쓰기가 자신을 변화시켰다고 자신 있게 말한다.

"책을 쓰며 가장 많이 바뀐 것은 나 자신이었다. 책의 첫 문장을 쓸 때의 나와 마지막 문장을 마칠 때의 나는 분명 다른 사람이었다. 그래서 어렸을 때의 생각처럼, 책이라는 것은 반드시 오랜 세월의 경험이 축적되어 쓰는 것이 아니라 오히려 더 채워야 할 게 많고 더 부족함을 느낄 때 쓸 수 있다는 것을 깨달았다."

그리고 이 책을 통해 책을 저술하는 방법에서부터 출판사 찾기까지 등 책 쓰기의 전반을 보여준다. 물론 글을 쓰는 목적이 꼭 책 출간일 필요는 없다. 책처럼 거대한 구조의 자기 정리가 아니더라도 SNS에 쓰는 일상의 작은 단편들도 자신을 가다듬는 소중한 자산이 된다.

필자가 글을 가장 많이 쓰는 공간은 페이스북이다. 페이스북을 쓰든 인스타그램을 쓰든, 트위터를 쓰든 그곳을 통해 자신을 보여주는 것은 꼭 필요하다. 강원국 작가가 스스로 '관심종자'라는 자조적인 표현을 썼지만, 사회 속에서 자신이 존재하지 않는 것은 죽음과 같다. 결국 사람들은 끊임없이 소통하려는 사람들과 다시 소통하길 원하고 그 속에서 하나하나씩 답이 나오기 때문이다. 필자도 몇 번의 전직이나 이직의 과정에서 힘들지 않았던 것은 타인들과 꾸준하게 소통했기 때문이다.

설령 자신이 일하는 조직에서 부득불 물러난다고 해도, 만약 그 사람이 그간에 현장에서 대외적으로 다양한 활동을 했다는 것을 알고 있다면 새로운 기회는 그만큼 빨리 찾아온다. 필자가 참여하는 다양한 모임 가운데는 우리나라 금융권이나 로펌, 회계법인, 학계의 중국 전문가들이 만든 '중국자본시장연구회'라는 모임이 있다. 이곳에서 만나는 사람들과 잠시만 이야기하면서 내 주변에서 만났던 수많은 사람이 순식간에 엮여진다는 것을 알고 놀랐다. 결국 그 사람에 대한 평가는 주변 사람들을 통해 자연스럽게 연결되기 때문이다. 그게 긍정적인 내용이든 부정적인 내용이든 곧바로 연결된다.

그래서 100만 세대에게 글쓰기는 선택이 아닌 필수라고 할 수 있다. 물론 자신이 부정적인 방식으로 살아가는 사람이라면 글쓰기 자체가 부담스러울 수밖에 없다.

Part
4

삶의
키워드

01

스무 살만 젊어져 보자

"요즘 70년대 학번에게 전화가 오면 받지 않는다. 80년대 학번도 가능하면 피하려 한다. 50살이 넘어간 나이대들은 대부분은 이미 생각이 굳어져 있다. 그리고 너무 안주하며 살다 보니까 더는 새로운 도전을 하지 않는다. 소위 '꼰대' 문화에 젖어있다. 차라리 젊은 세대들을 만나서 생각을 나누고 실행하는 것이 내가 살아가고, 내가 사회에 할 수 있는 역할이다."

이제 60살이 된 한 선배의 말이다. 자신은 60살이 됐는데, 정작 자신의 소통 연령층을 40대로 낮추고 살아간다는 뜻이다. 실제로 한 회계법인 대표를 맡고 있는 선배의 소통 층은 대부분 나보다 어린 세대다. 그는 1만여 명의 회원을 갖고 있는 출신 대학교의 부동산경제 포럼을 이끌고 있고, 올해도 3개의 CEO 과정을 다닐 만큼 열정적인 사람이다.

이 선배와는 수백 명에서 십여 명까지 가입자가 있는 5개 정도의 단체 카톡방을 같이 하는데, 이분이 게시물을 올리는 기법이나 정성을 보면 혀를 내두를 수밖에 없다. 물론 내가 가입한 곳이 5개 일뿐. 개인적으로는 수십 개의 단체 카톡방이 있을 것이다.

60살의 나이에 40대보다 더 다양하고, 넓은 커뮤니티를 능수능란하게 다루는 이 선배에게 배우는 가장 큰 교훈은 자기의 나이보다 20살은 젊게 살라는 말이다. 100만 세대가 50살이 되어가니, 이제 서른이 되어가는 나이로 살라는 말이다.

생각해보면 자신의 앞 세대와 같이 살라는 말이다. 과연 가능할까. 아마 과거였다면 불가능했다. 아니 그럴 필요도 없었다. 부모에게 자식과 같은 모습으로 살라는 말이 가당키나 한 것인가.

"4차 산업혁명이란 뭐냐 하면, 세상이 어떻게 될지 모르는 시대다. 앞으로 시대가 어떻게 될지 누구도 말 못 하는 시대가 된다는 것이다. 만약에 우리가 조선 시대에 태어났다. 그러면 할아버지 살던 시대와 아들이 살던 시대와 손자가 살던 시대가 비슷하다. 할아버지가 농사지으면 아들도 농사짓고, 손자도 농사를 짓는다. 농사에 대해 할아버지가 가장 많이 알고, 다음은 아들,

손자 순이다. 그러니 질서가 저절로 생기는 것이다. 윤리, 도덕도 할아버지가 유교적인 관점에서 제사 지내고, 아들도 그대로 제사 지냈고, 손자도 지낸다. 가정생활, 결혼 생활도 똑같아서 할아버지 밑에 아들, 아들 밑에 손자로 질서가 잡힌다.

그런데 지금 같이 막 바뀌는 시대는 어떤가. 아버지는 농사를 지었는데, 아들은 공장에서 용접을 한다. 그런데 스무 살 먹은 아들은 공장에서 용접을 배웠고, 아버지도 농사를 짓다가 용접을 하는 경우가 있다. 그때 용접은 아들이 더 잘한다. 그러니 아버지로서의 권위가 안 선다. 게다가 농사를 짓던 때처럼 잔소리를 하니 권위가 서지 않는다. 그러니 꼰대 소리를 듣는 것이다. 시대가 이렇게 빨리 바뀔 때는 권위가 서지 않는다. 애들 입장에서 맞지 않는 것이다.

옛날에는 경상도와 전라도의 차이가 나고, 한국인과 일본인의 차이가 있었는데, 지금은 같은 20대는 한국, 일본, 경상도, 전라도가 같다. 그런데 한집안에 사는 할아버지와 손자는 완전히 다르다. 요즘 K팝을 어떻게 받아들이는지 봐라. K팝이 나오면 한국의 2, 30대나 일본, 미국의 같은 세대가 즐기는데, 60대가 같이 즐기는가? 안 즐긴다. 시대가 바뀌면 세대의 격차가 지역 격차를 훨씬 뛰어넘는다.

그런데 4차 산업혁명 시대로 가면 더 빠르게 바뀐다. 과거는 농사 기술 하나면 먹고산다. 산업화 시대도 기술 하나면 먹고살 수 있다. 그런데 앞으로는 이렇게 안 된다. 어떤 기술을 가지고 할 수 있는 수명이 5년도 못 간다. 특정한 기술이나 지식을 익히면 죽을 때까지 써먹을 수 있었다. 지금은 안 된다. 계속 새롭게 해야 한다. 지금 아이는 어떤 기술을 익히는 게 아니라 적응력을 익혀야 한다. 농사일, 용접, 컴퓨터 등 뭐든지 할 수 있어야 한다. 아이도 뭐든지 해야 한다. 한 가지만 하면 되는데, 쓸모없다. 이제 지식과 기술이 필요가 없다. 지식은 검색하면 되고, 기술도 자동화되고, 의사, 변호사도 잘한다. 변호도 인공지능이 더 잘한다. 다양하게 하는 사람이 시대에 맞는다."
― 〈법륜스님의 즉문즉설〉 / 2019년 12월 9일 / '4차 산업혁명 시대 아이를 어떻게 키워야 할까요?' 중에서

  기업에 임원으로 가기 전에 4차 산업혁명에 대해 강의를 했던 내 생각을 가장 정확하게 말씀해주신 내용이라 공감이 컸다. 물론 이런 시대가 좀 더디게 올 수도 있지만 이런 흐름으로 간다는 것을 부정할 수는 없다. 나도 비슷하게 주변에 말한다.
  "앞으로 시대에 인간이 할 수 있는 일은 인간을 돌보는 일 외에는 별로 할 것이 없다. 지식노동은 인공지능이, 육체노동은 로봇이 할 수 있기 때문이다. 로봇이 인간을 케어할 수 있는 일도

일부 하겠지만 그래도 복지까지 진출할 수 있을지는 의문이다. 때문에 예민하고, 계층의 차이가 많은 사회에서 인간의 역할은 꼭 필요한 일이다."

다시 돌아가서 생각해보자. 그럼 50대가 되는 100만 세대는 어떤 선택을 할 것인가. 꼰대 소리 들으면서 앞 세대의 대를 이어갈 수 있다. 이미 사회를 분석하는 기사에서 40대에게는 꼰대라는 말이 붙었고, 20~30대에도 '젊은 꼰대'라는 말이 붙는 경우가 있다.

꼰대는 '권위적인 사고를 하는 어른이나 선생님을 비하하는 학생들의 은어'로 시작됐지만, 이제 직장이나 사회에서도 뒷 세대를 이해하지 못하고, 권위를 내세우는 사람들의 통칭으로 널리 정착이 됐다.

이런 상황에서 나이조차 50대로 접어들고 있는 100만 세대가 꼰대라는 소리를 피하는 일은 쉽지 않다. 사회는 이미 꼰대를 퇴치하는 '안티 꼰대'라는 말도 있다. 지난 1년 큰 인기를 끈 EBS의 캐릭터 '펭수'도 기존 연령에 맞추어 움직이는 것이 아니라 직설적인 화법으로 시원하게 자신의 생각을 말하는 '탈 꼰대'의 아이콘이라고 할 수 있다.

사회에서는 부장급이 되는 100만 세대도 당연히 이전에 선배들이 하던 권위주의적인 구조에 대한 향수가 있을 것이다. '그들은 누렸는데, 나는 왜 못 누려'하는 억울함이 있을 것이다. 문제는 그 구조가 자신에게 행복했는지를 묻는 것이다. 더 중요한 것은 그런 권위주의적인 방식이 지금의 직장 구조에서도 가능할지에 대해서 스스로 질문하는 것이다.

정답은 당연히 '아니오'다. 지난 몇 년간 기업들은 직급을 없애고, 임원을 없애는 등 탈 권위를 위한 많은 노력을 했다. 물론 시행착오도 많았다. 가장 큰 원인은 직장 구성원이 그대로인 상황에서 그런 틀을 바꾸는 것이 가능한지에 대한 구조적인 문제가 있었다. 하지만 검찰에서 여성이 50%가 넘으면 기존에 존재하던 검찰의 갑질을 그대로 유지할 것인가를 묻는 말이 있듯이 또 다른 구조의 변화가 미래를 바꿀 수 있다.

이런 상황에서 100만 세대가 살아남는 방법은 '탈 꼰대'가 되는 것이다. 가장 좋은 방법은 스스로 스무 살씩 젊어지는 것이다. 즉 밀레니얼이 돼보라는 것이다. 밀레니얼 세대는 일반적으로 1980년 초부터 2000년대 초까지 출생한 세대를 말한다. 중국에서는 파링허우(1980년 이후 출생자)나 지우링허우(1990년 이후 출생자)라고 말한다.

이들을 상징하는 말에는 워라벨, 퇴사준비생, 소확행, 1인 가구, GO 지방, NO 재테크, 업 사이클링 등 다양한 말이 있다. 이 말은 필자가 앞장에서 했던 주장과 맥을 같이 한다. 즉 필자도 살아남기 위해서는 밀레니얼이 되라고 했던 것이다. 역으로 말하면 스무 살은 젊어져야 미래가 있다는 말이기도 하다.

그리고 스무 살을 젊어질 수 있을까 하는 것은 묘한 상상력을 불러일으킨다. 20년 전은 사회 초년병으로 들어와 적응 연습을 하다가 결혼을 하고, 중국으로 떠났던 시기다. 지금에 대입하면 4차 산업 혁명 시대에 적응 연습을 하다가 인생 2모작을 시작하고, 새로운 영역으로 나가야 한다는 말이기도 하다.

필자의 가장 근작인 《노마드 라이프》를 쓰고, 선배 지인에게 추천사를 받았다.

"요즘 젊은이들이 어떻게 살 것인지에 대한 고민이 많다. 인공지능과 4차 산업혁명이 눈에 들어오고 나서는 더 그렇다. (…) 이 책을 통해 젊은이들이 각자에게 맞는 새로운 광야, 황야, 들판을 찾아 나갔으면 한다."

이 말 중에 '새로운 광야, 황야, 들판'은 내 가슴에도 박혔다. 필자 또한 기존에 남들이 닦아 놓아서 윤이 반짝반짝 난 길을 택하고 있는지 돌아보고 있기 때문이다. 그래서 필자는 로버트 프로스트(Robert Frost)가 말한 '가지 않은 길'을 잊지 않고자 끊임없이 묻고 있다.

02

생각의 틀을 바꾸자

육체적으로 젊어지는 것은 불가능한 것일까. 당연한 일이다. 동서양을 막론하고 수많은 권력자들은 젊어지거나 죽지 않기 위해 안간힘을 썼다. 고대 이집트 미라도 영생에 대한 염원을 담고 있고, 불로장생약을 찾아 헤맸던 진시황의 노력도 그 예이다. 물론 영생불사는 당연히 불가능한 일이다. 하지만 수많은 약품과 운동 등이 발달한 지금 세상에서 더 젊게 사는 것은 당연히 선택할 수 있는 일이다.

50대쯤 돼서 동창생 모임에 나가보면 이미 차이가 적지 않다. 어떤 친구들은 60대에 가깝게 보이는 친구가 있고, 어떤 친구는 40대 이하로 보이는 친구들도 있다. 시간이 갈수록 보이는 나이 차가 커지는 것은 사람마다 삶의 방식이 다르기 때문이기도 하다.

이들의 가장 큰 차이는 무엇일까. 아마도 삶에 대한 열정과 일을 할 수 있는지 여부일 것이다. 일반적으로 지금도 활발하게 일을 하고 있고, 또 열정적인 무엇인가가 있다면 그런 이들은 상대적으로 젊어 보인다.

필자가 고등학교 시절부터 친하게 지내오는 한 친구는 지금 만나도 거의 어릴 적과 차이가 없을 만큼 젊어 보인다. 나는 만날 때마다 "넌 철이 없어서 늙어 보이지 않는 것 같다"고 말하지만, 사실 그 친구를 젊게 하는 것은 자신이 즐길 수 있는 일이 있다는 것이다.

"나 연봉 높다고 생각 안 해. 내가 총괄하는 일에 따라 제품의 가치가 수십억, 수백억 원의 차이가 있을 수 있어. 난 작은 차이를 통해 그걸 극복하는 일을 하고 있고, 누구도 쉽게 그 일을 할 수 없다는 자부심이 있어. 그래서 지금 연봉이 높다고 생각 안 해"라고 말한다.

그뿐만 아니라 그는 주말 등을 활용해 지인들과 밴드를 결성했다. 베이스를 연주하면서 공연도 해서 흥미를 찾는다. 늙을려야 늙을 수 없는 친구라고 할 수 있다. 물론 그 친구에게도 수험생인 아이들 문제 등 고민거리가 적지 않지만, 그는 가능하면 자신을 중심으로 생각하는데 익숙한 친구다.

최근 한국에서도 적지 않게 인기를 끈 사이토 다카시의 《50부터는 인생관을 바꿔야 한다》라는 책에서 오십이 넘으면 자존심, 꿈, 사람을 버리고 오직 나를 위해서만 살라고 말한다. 직업 정체성이나 연봉에 집착하지 말고, 젊음에 대한 질투를 버리고, 더 깊고, 유쾌하고, 여유롭게 살라고 말한다.

그의 말 중에 가장 눈에 들어오는 것은 이것이다. 30대, 40대는 또래들의 출세 등에 신경을 쓰지만, 쉰 살쯤 먹고 나면 대학 시절 동기들과 모여도 누가 출세했다고 하는 이야기는 좀처럼 나누지 않는다는 말이다. 필자 역시 그렇게 다양한 모임에서 자기 잘난 부분을 이야기하기보다는 친구들이 살아가고, 혹시 도움이 될 것이 있는가 하고 챙기는 정도다. 물론 앞에서 자기 잘난 말을 하는 사람들을 보면 뭔가 결핍되어 보이기도 한다.

물론 한국 사회는 그런 문화가 보편적인 것은 아니다. 국회의원도 4선 정도는 해야 중진으로 영향력이 있고, 초선들은 힘을 쓰지 못한다. 지역민들도 새로운 인물보다는 익숙한 인물에 더 손이 간다. 결과적으로 그들이 같이하는 세대는 더 이상 변화하지 못한다.

우리 주변은 4차 산업혁명 등으로 판도가 완전히 바뀌고 있다. 문제는 그런 늙은 정치인들이 바꿀 수 있는 것은 한계가 있다. 정치는 그 나라의 정책을 좌지우지 하기 때문에 매우 중요하다.

그런데 정치 책임자들이 새로운 흐름을 모르면 세부적인 정책은 허점이 있을 수밖에 없고, 새로운 발전을 위해 필요한 요소는 누락될 수 있다.

2019년 핀란드에는 34살의 여성 총리인 산나 마린(Sanna Marin)이 등장했다. 개각에서 19개 장관직에서 12개는 여성이 맡았다. 핀란드만이 아니다. 옆에 있는 거대한 강국이 된 중국도 정치인들의 나이는 젊다.

필자는 만 나이로 마흔을 넘은 2010년 11월 공직생활을 시작했다. 전임가급이었기 때문에 4급 상당이었다. 그런데 중국에서 방문한 이들 가운데는 유독 젊어 보이는 이가 중심자리에 앉아 있었다. 나보다 한 살 어린 사람이 단장이었고, 그는 중국 최대 개발구의 상무위원장을 맡고 있었다. 우리나라로 치면 경제통상국장 정도의 자리였다.

가장 확실한 느낌 가운데 하나는 10여 명이 넘는 주변 수행원들이 그에게 최선을 다한다는 것을 느낄 수 있었다. 즉 중국 공산당에서 리더가 될 사람은 위에서 하는 평가도 중요하지만, 아래에서의 평가도 못지않게 중요하고, 그렇게 선발된 리더는 철저하게 따르는 게 공무원 사회의 룰이라는 것을 알 수 있었다. 이제 오십이 된 그는 중요한 지역의 부성장급으로 승진해 중요한 역할을 계속해가고 있다.

100만 세대가 밀레니얼로 간다는 것에서 가장 중요한 것은 이제 자신의 역할을 인정하고, 자신이 가장 편하게 일하는 것에 대해 판단을 하라는 것이다. 그러고 나면 내가 굳이 더 높은 자리가 아니더라도 그 자리에서 즐겁게 일할 수 있다는 판단을 할 수 있게 된다.

1971년생이면서 최근 《밀레니얼의 반격》을 쓴 전정환 센터장은 "밀레니얼은 '내 삶은 내가 디자인한다'라는 태도로 자기답게 살아가기를 선택한다. 이들은 철저한 개인주의자지만, 동시에 다른 사람들과 함께 더 좋은 삶, 더 의미 있는 삶을 사는 것이 자신의 가치를 실현하는 최선의 방법이라고 믿는다. 말하자면, 협력하고 연대하는 개인주의자들이다"라고 말한다.

협력하고 연대하는 개인주의자라는 말은 낯선데, 그는 책에서 그런 삶에 대해 다양한 사례들을 통해 이야기한다. 그래서 100만 세대가 스무 살 젊어진다는 것은 전 센터장이 말한 그런 의미를 공감할 수 있는 것에서 시작한다.

따라서 스무 살 젊어진다는 생각의 전환은 두 가지 정도 단계가 필요하다. 우선은 세상을 인정하는 것이다. 이제부터라도 부지런히 일해서 성공하겠다는 의지는 지나치게 무모할 수 있다는 것을 깨달아야 한다는 것이다. 골프나 테니스를 하면서 가장 중요하게 생각하는 것 가운데 하나는 힘을 빼는 것이다. 골프 레슨의 대가 중에 한 명인 임진한 프로가 하는 말 가운데 이 말은 인상적이다.

"나이가 60살이 넘어서도 자기 나이에 맞는 스코어를 낸다는 것은 두 가지를 의미한다. 한 가지는 무리하게 힘을 가하지 않는 것이다. 공은 힘을 준다고 나가는 것이 아니라 클럽 헤드를 잘 이용하면 충분한 비거리를 낼 수 있다. 다른 하나는 꾸준하게 연습을 한다는 것이다. 한 달에 한 번씩 필드에 나가면서 같은 스코어가 나오길 바라는 것은 욕심이다"고 일갈한다.

두 번째는 나이에 상관없이 자신의 일을 하겠다는 생각이다. 이제 오십을 맞는 100만 세대는 급변하는 시대에 좋은 후견인이 되어줄 수는 있지만, 리드하는 데는 한계가 있다. 알리바바 창업자이자 중국 최대 부호인 마윈(馬雲) 전 회장은 이렇게 말한다.

"아직 10대라면 열심히 공부하세요. 기업인이 되고 싶으면 경험을 배워나가세요. 아직 20대라면 누군가를 따르세요. 중소기업에서도 일해 보세요. 일반적으로 대기업은 프로세스를 배우기에는 좋습니다. 큰 기계의 부품 역할을 하니까요. 하지만 중소기업에서 일하게 되면 꿈과 열정을 배우게 됩니다. 동시에 여러 가지 일을 하는 법도 배울 수 있습니다. 서른 전에 중요한 것은 어느 회사에 다니는지가 아니라 어떤 상사를 따르느냐입니다. 좋은 상사는 가르치는 것도 다르니까요.

아직 30대라면 명확하게 생각하고 자신을 위해 일해야 합니다. 정말 기업가가 되고 싶다면 말이지요. 아직 40대라면 본인이 잘하는 일에 전념해야 합니다. 새로운 분야에 도전하지 마세요. 너무 늦었으니까요. 성공할 수도 있겠지만 실패할 가능성이 너무 높습니다. 본인이 잘하는 분야에 어떻게 집중할 수 있을까를 고민하세요.

하지만 50대라면 젊은 사람들을 밀어주세요. 왜냐하면 젊은 사람들의 실력이 더 좋기 때문입니다. 그들에게 의지하고 투자해서 잘 키워내세요. 그리고 60대 이상이라면 본인을 위해 시간을 투자하세요. 해변에서 일광욕을 즐기는 거죠. 기회를 찾기에는 조금 늦었으니까요. 물론 이것은 젊은이들에 대한 저만의 조언입니다."

마윈은 50대에는 젊은 사람들을 밀어주라고 말한다. 그런데 '밀어준다'는 것은 일방적인 후원이 아니다. 그렇게 할 수 있는 50대는 그다지 많지 않기 때문이다. 실제로 일에서나 업무에서도 젊은 사람들의 기획이나 업무 능력을 신뢰하는 것이 바로 밀

어주는 것이다. 그래야만 젊은 사람들도 그 업무에서 다음 단계
로 발전하고, 그만큼 조직도 성장할 수 있기 때문이다.

03

자존심은 죽이고, 자존감은 살리자

자존심(Self-esteem, 自尊心)은 말 그대로 남에게 굽힘이 없이 자신의 존귀함을 지키는 마음이다. 누구나 살아가면서 자존심은 더없이 중요하다. 만약 어떤 일에 패배하고도 자존심이 상하지 않을뿐더러 심지어 무덤덤하게 지나간다면 그 사람에게는 새로운 도전이 오더라도 승리할 가능성이 많지 않다. 반면에 자존심이 살아있다면 회복을 위해 열과 성을 다해 준비하고, 승리해 자존심을 회복할 수 있다.

100만 세대는 자존심에 관해서는 어느 세대보다 민감하다. 한 학년에 100만 명에 가까운 경쟁자들이 어린 시절부터 경쟁했다. 앞선 1차 베이비부머만 해도 여성들의 경우 능력 여하에 상관없이 어느 정도 나이가 되면 사회에 나가서 그나마 경쟁이 치열하지 않았다. 하지만 100만 세대는 남녀가 대부분 초등학교부터 대학 입학 학력고사까지 같이 경쟁했다.

실제로 대학 시험 응시자는 1993년에는 75만 명 정도였고, 차츰 늘어나 2000년에 89만 6천 명 정도로 정점을 찍었으나 2002년에는 67만 6천 명, 2005년에는 59만 명대까지 하락했다. 이후 베이비붐 세대들의 자녀들이 대입을 보는 시기에 늘었다가 다시 떨어지는 추세다.

비단 대학 입학 시험만이 아니다. 사회로 나가는 시기에도 100만 세대의 경쟁은 치열할 수밖에 없었다. 100만 세대가 사회로 나가던 1990년대 중반은 대기업과 공기업 등이 상대적으로 인기를 끌던 시기였다. 1997년 '국가 부도 사태' 전만 해도 경쟁을 통해서 나름대로 사회에 진출할 수 있었다. 그런데 1997년 말에 터진 IMF 외환위기는 100만 세대에게 적지 않은 위기를 불러일으켰다. 구조 조정에 휘몰아치던 시기에 사회에 들어온 만큼 신문에서는 합격 취소라는 말이 심심치 않게 돌았다. 설사 들어간 회사라고 해도 수많은 직장에서 통폐합이 이뤄지는 만큼 버텨내기도 쉽지 않았다.

그렇게 어렵게 들어간 직장도 공무원이나 교사, 공기관 등을 제외하고는 이제 나와야 할 상황이다. 문제는 이런 상황에서 자존심을 어떻게 유지하는 가다. 사회학에서는 자존심이 낮은 사람은 쉽게 당혹하고, 부끄러워하고, 설득에 잘 넘어가고, 타인에 대한 인정 욕구가 강하다. 또한 자기비하는 물론 열등감 등을 갖기 쉽다고 한다. 반대로 자존심이 너무 강하면 허영심을 갖기 쉽다고 한다.

이제 오십을 맞는 100만 세대에게 직장과 사회에서의 변화는 결코 쉽지 않은 일이다. 하지만 이제는 어떤 일이 일어나더라도 그게 불가능하지 않다는 것을 알아야 할 시간이다. 이런 상황에서 자존심을 내세우다가 가장 위험한 것은 자기비하에 빠지는 것이다. 한 직장에서든 여러 직장에서든 20년을 일했다면 나름대로 세상에 최선을 다한 만큼 자기 자신을 비하할 이유가 없다.

최근의 급격한 구조조정 속에서 위기를 맞는 것은 임원급만이 아니다. 경우에 따라 차장, 부장급에서도 희망퇴직을 받는 경우가 많다. 만약 어느 날 회사 이메일을 열었을 때, 희망퇴직 신청자가 됐다는 말에 자존심이 상할 필요는 없다.

회사가 어떤 사람들에게 퇴직을 요청하는 것은 그 사람이 일을 잘하거나, 못하거나 하는 것보다는 현실 여건상 회사는 구조조정을 해야 하는데, 나름대로 자사의 기준에 맞추어 그런 조치를 하게 된다. 물론 회사는 오랜 기간 인사고과라는 방식으로 사원에 대한 평가를 한다.

하지만 필자의 경험으로 봤을 때, 공무원 사회였든, 민간기업이든 제대로 된 평가 기준을 통해 상벌을 하는 경우는 많이 보지 못했다. 대부분은 '사내 정치'로 불리는 사람 관계, 특히 권력 있는 상사와의 관계를 통해 평가가 결정된다.

우리 기업의 입장에서도 지난 수십 년간 그런 방식으로 직원을 평가하고, 내보내고, 다시 채우는 일을 반복했다. 그러니 자신이 그 속에 들어가지 않았다고 해서 자존심 상해할 필요는 없다.

이런 상황에서 가장 챙겨야 할 것은 '자존감'이다. 자존감은 자신에 대한 존엄성이 타인들의 외적인 인정이나 칭찬에 의한 것이 아니라 자신 내부의 성숙된 사고와 가치에 의해 얻어지는 개인의 의식이다. 여기에서 가장 중요한 것은 '자신 내부의 성숙된 사고와 가치'다.

자존감이라는 단어가 우리 사회나 교육에 등장한 것은 그리 오래되지 않았다. 뉴스를 검색해도 자존감이라는 단어가 간간이 등장하는 것은 2000년부터다. 실제로 출판시장에서도 이 시기에 본격적으로 등장했다. 2001년 EBS 〈아이의 사생활〉 제작팀이 출간한 《아이의 자존감》이 사실상 자존감을 일반에 인지시킨 중요한 계기였다.

그런데 이제 자존감은 아이뿐만 아니라 100만 세대에게도 가장 중요한 단어가 됐다. 사실 직장업무에서도 후배에게 밀리고, 이성들에게도 호감을 잃어가고, 신체도 하나씩 위기가 찾아오기 때문이다. 이때 가장 중요한 것은 자신의 성숙된 사고와 가치다.

《자존감 수업》을 출간한 윤홍균 교수는 자존감은 자신을 어떻게 평가하는지부터 시작한다고 말한다. 즉 자신을 100점으로 평가하는지, 70점으로 하는지, 그 아래로 하는지를 보라는 것이다. 문제는 그 자존감이 한 번에 끝나는 것이 아니라 지속적으로 바뀐다는 것이다.

《삼국지 경영학》을 쓴 고 최우석 삼성부회장과 삼국지 현장을 답사할 때 만난 중국의 아이들. 더 시골 아이들일수록 밝고, 빛나게 웃었다. 자존감은 결국 자신이 소중하다는 것을 느끼는 데서 시작된다.

"당신 요즘 보면 너무 흐리멍덩해. 옛날에는 일도 기획해서 하고, 좀 똑똑했는데. 요즘은 뭘 해도 자신감이 없고, 너무 무기력하게 보여."

필자의 친구가 얼마 전 이혼한 부인에게 들은 말이다. 둘은 10년 전쯤 이혼했지만, 아이를 키우는 문제 등을 비롯해 가끔씩 만나서 이런저런 이야기를 나누는 사이다. 그런데 친구는 그 말에 공감할 수밖에 없었다. 먼저 이혼 후에 이런저런 사업 등에 손을 댔지만 그다지 빛을 보지 못했다. 큰 빚도 없지만, 나이 오십이 넘도록 뭔가 안정적인 삶을 갖추지 못했다는 점에서 그는 스스로를 초라하게 느끼는 것 같았다.

다행히 그 친구는 오랫동안 미뤄온 대학원 과정을 마무리하는 등 새롭게 도약할 거리를 찾아가고 있었다. 신변도 정리하고, 학위를 받고, 강의도 시작하면 자연스럽게 자신의 자존감을 찾아갈 수 있을 거라고 나는 조언했다.

윤홍균 교수는 자존감을 끌어올리는 방법으로 '다섯 가지 실천'을 전한다. 우선 자신을 맹목적으로 사랑하기로 결심하고, 실제로 자신을 사랑하고, 스스로 선택하고 결정하고, 지금 여기에 집중하고, 패배주의를 뚫고 전진하기 등을 제시한다. 간단히 정리하면 '자기를 믿고, 전진하라'는 것이다.

앞서 말한 필자의 친구도 마찬가지다. 일단 지금의 상태를 비관하지 않고, 자신의 정체성을 찾아가는 일이 중요하다. 인생에 있어서 아마도 필자만큼 부침이 많았던 사람도 많지 않을 것이다. 실제로 다양한 일들을 겪었다. 한국에 들어와서 4급 상당의 전문공무원에 들어갔을 때 나도 당연히 어깨에 힘이 들어갔다. 그만큼 주변에서 봐주기를 원했다. 나중에 중견기업의 임원으로 갈 때도 비슷한 마음이었다. 하지만 사람들은 남의 일에 별로 관심이 없다. 친구는 물론이고 가족의 일에도 그다지 관심이 없다. 가장 좋기는 별다른 일이 발생하지 않아서 자신을 귀찮지 않게 해주었으면 하는 바람 정도다.

반면에 공무원에서 나왔을 때나 기업 임원에서 나왔을 때도 사람들이 혹시 나를 무능력하게 보지 않을까 하는 마음이 든다. 하지만 이 역시 타인들은 관심이 없다. 결국 나 혼자 개척하고, 방향을 잡고, 넘어지면 손을 털고 일어나야 한다.

물론 이 과정에서 따뜻한 배려심은 많은 것을 할 수 있게 한다. 하지만 이 역시 개인의 선택일 뿐 강요될 수도, 강요되지도 않는다. 그래서 원시불교의 경전인 《숫타니파타(Suttanipata)》에 나오는 '무소의 뿔처럼 혼자서 가라(応如犀牛任独行)'는 말이 많은 이들의 기억 속에서 자리하고 있는지 모르겠다.

04

평생 할 커뮤니티를 찾아내자

사람은 혼자서 살기는 쉽지 않다. 어울리면서 살아간다. 가깝게는 같이 가는 이웃에서부터 친구, 직장, 학교 동창 등 다양한 모임이 있다. 앞글 '100만 세대의 고독'에서 설명했듯이 나에게도 적지 않은 지인이 있다. 그런데 어느 날 내가 곤경에 빠졌을 때, 나에게 경제적으로 도움을 줄 수 있는 친구가 얼마인가를 생각해봤다. 얼마 후 자신이 없어졌다.

기쁨을 나눌 친구는 많지만, 고통을 나눌 친구는 찾기 힘든 게 당연한 세상이다. 그런데도 우리는 끊임없이 같이 어울릴 친구들을 찾는다. 또 '같이 어울릴 사람이 있는 공간'이 많은 사람이 훨씬 더 윤택한 삶을 살아간다.

그런데 이런 커뮤니티는 하루아침에 만들어지지 않는다. 고향 친구나 동창처럼 쉽게 어울릴 수 있는 커뮤니티도 있지만, 그런 관계가 아니라 어떤 동기에 의해 어울린 모임이라면 더욱더 그렇다. 또한 커뮤니티에도 분명한 예절이 있고, 그것을 잘 아는 사람이 그 조직과 오래 할 수 있다. 또 그 모임을 지속시켜서 발전적인 관계로 나갈 수 있다.

필자에게는 자주 어울리는 모임이 10여 개 정도 있다. 우선 내가 수석부의장을 맡고 있는 '문화산업상생포럼'이다. 이 모임은 우리나라 다양한 문화 분야에서 일하는 사람들이 모여 있는 사단법인이다. 나와 동갑인 정대민 인천e스포츠협회 회장을 주축

2019년 12월, 필자가 중국자본시장연구회에서 '소설로 읽는 중국 사람들의 내면'을 강의하는 모습. 실력 여부를 떠나 자신의 재능을 기부하는 것도 커뮤니티를 활성화하는 역할이다.

으로 모인 '별똥 조직' 같은 곳이다. 사단법인인 만큼 다양한 일을 할 수 있다. 나는 처음부터 운영을 총괄하는 역할을 맡았지만, 기업의 임원으로 일하면서 역할을 축소 시켰다. 각계각층이 모인 모임인 만큼 여러 가지 일을 만들어낼 수 있다.

역시 사단법인인 '중국자본시장연구회'도 사업 및 콘텐츠 담당 부회장을 맡고 있다. 한국에 귀국한 후 참여한 이 모임은 국내 금융, 법률, 회계, 학계, 비즈니스 분야에 있는 중국 전문가들 250여 명이 참석하는 전문가 모임이다. 10년째 매달 조찬 세미나를 개최할 만큼 묵직한 조직이다. 산행팀도 있어서 가끔 산행도 하는 만큼 참여하기에 벅차지만, 배울 것이 많은 만큼 꼭 참여하는 커뮤니티다.

사마천 등 고전 저술을 하는 김영수 작가가 중심으로 만든 '한국 사마천 학회'도 이사로 참여하는 커뮤니티다. 이 모임은 매월 성남에서 세미나를 하는 정기 모임이다. 중국 관련 교류도 많이 하는데, 시간상 많이 참석하지는 못한다. 이 밖에도 한중 교류 사업을 하는 'T&F한중경제문화교류추진단'의 사무총장도 맡고 있고, '사단법인 한중경제문화교류중심' 운영위원을 맡고 있기도 하다. 이런 단체들은 비즈니스와 교류의 측면 때문에 만들어진 단체들이다.

바쁜 일상에서 이런 모임을 모두 챙기기는 쉽지 않다. 그런데 이런 모임에서 자신의 역할을 만드는 것은 무엇보다 중요하다. 나 역시 대부분의 모임에서 강의에 참여하는 등 내 역할을 제대로 하기 위해 노력한다.

사마천 학회의 경우 정기적으로 참석하지 못하지만, 강의를 통해서 내 존재감을 유지한다. 인문학 관련자가 많지 않은 중국자본시장연구회에서는 '소설로 읽는 중국의 내면'이라는 주제를 강의해 많은 호응을 받기도 했다. 물론 이런 곳에서 강의를 할 수 있다는 것은 상당히 오랜 시간 강의한 능력도 있고, 자신만의 콘텐츠도 있어야 한다.

강의 등 난이도가 필요한 일도 있지만, 꾸준한 참여로 유지하면 되는 커뮤니티도 필요하다. 나는 친구나 동창 모임에서는 초중고 모임을 챙기는 편이다. 앞의 두 모임은 고향 친구들의 모임이기 때문에 그만큼 오랜 역사를 갖고 있다.

돌이켜보면 20대에 만나는 친구들과 30대에 만나는 친구, 40대에 만나는 친구에는 작은 변화가 있었다. 참여하는 친구들의 성격 차이도 있지만, 숫자도 적지 않은 변화가 있다. 50대에 접어든 지난 몇 년 사이에 모임에 참여하는 친구들의 숫자가 줄어든 것이 사실이다. 바쁜 일상이나 주머니 사정으로 참여하지 못하는 친구들도 당연히 생긴다. 하지만 이런 모임은 당연히 생길 수

밖에 없는 애경사를 대비해서도 챙겨둘 필요가 있다.

그런데 친구 모임에서는 다양한 금기들이 있다. 우선 뒤에서 몰래 험담하지 않는 것이다. 의가 상하는 것은 물론이고 자칫 폭력 사태도 벌어질 수 있다. 두 번째 정치나 종교 등 예민한 문제를 꺼내서 논쟁하지 않는 것이다. 이런 문제에서 자신의 주장을 관철시키기도 어렵지만, 설사 그렇다고 해도 자신이 얻을 것은 없다. 세 번째는 자신의 성공담이나 직장에서의 자랑에 몰두하지 않는 게 좋다. 주변에서 그런 이야기가 나오면 자연스럽게 웃어넘기는 정도가 좋다. 네 번째는 과거의 이야기도 시시콜콜 꺼내지 않는 것이 좋다. 특히 친구들 간의 연애담 등은 상대를 난처하게 할 수 있다. 다섯 번째는 말을 잘 배분하는 것이다. 너무 지나치게 자기 이야기를 많이 하거나 친구의 말을 끊는 버릇은 좋지 않은 습관이다. 이런 이들은 상황에 따라서 모임에 배제되는 경우도 종종 있다.

이 밖에도 중국에서부터 이어온 모임도 몇 개 있고, 여러 가지 이유로 인해 정기적으로 만나는 모임도 있다. 이런 모임들은 우선 정치적 노선이 비슷한 사람들이 많다. 반면에 나이는 별다른 문제가 되지 않는다. 필자가 참여하는 모임에는 일흔 살에 가까운 나이인데도 항상 참석하는 분도 있다.

그럼 이런 커뮤니티의 수명은 언제까지일까? 아마도 내가 수도권에 거주하고, 나 스스로 빠지지 않는 한은, 이 모임들은 대부분 같이할 것이다. 다만 조찬 모임 몇 가지를 제외하고는 음주가 따르는 경우가 많아서 몸의 상태에 따라 기피하는 숫자가 많아지는 경우도 있다.

그런데도 평생 할 수 있는 커뮤니티 중에 가장 꼽을 수 있는 게 '고향 친구들의 모임'이다. 고향 친구들의 모임이라고 해서 그냥 함부로만 해서는 안 된다. 시골 친구들은 일 년에 3~4차례 만난다. 그중에 한두 번은 여행이다. 여행을 할 때면 나는 가능하면 가이드 역할을 한다. 제주도를 찾거나 충남 보령 일대를 여행할 때도 그 지역의 문화나 특성들을 감안해 여행 코스를 짜고, 그것이 주는 인문학적 가치들을 친구들과 공유한다. 보령 일대를 찾았을 때는 매월당 김시습의 기억이 많은 부여 무량사를 비롯해 소설가 이문구, 시인 임영조 등에 관한 답사 코스를 넣어 문화적 느낌을 더했다.

인문학을 느낄 기회가 많지 않은 친구들에게 그 여행은 좋은 추억을 주었고, 모임도 더 깊어질 수 있었다. 이렇게 한 가지라도 배려하는 친구들이 있으면 모임은 더 깊어지고, 더 오래 지속될 수 있다.

05

여행 유전자를 발굴하라

100만 세대가 가장 좋아했던 가수를 꼽으라면 빠지지 않는 이가 김광석과 김현식이다. 공교롭게도 두 사람 모두 요절했지만, 100만 세대의 감성을 만들었던 대표적인 인물이다. 그중에 김광석이 라이브에서 했던 말을 기억하는 이들도 많을 것이다.

"7년 뒤 마흔 살이 되면 하고 싶은 게 하나 있어요. 마흔 살 되면 오토바이 하나 사고 싶어요. 할리 데이비슨. 멋있는 걸로. 돈도 모아놓았어요. 얘기를 했더니, 주변에서 상당히 걱정을 하시데요. 다리가 닿겠니. (웃음) 그래 무슨 소리 하는 거야. 있는데 은근히 걱정이 되데요. 충무로 매장에 나가봤어요. 구경을 하는데, 멋있데요. 저기 아저씨 한번 앉아 봐도 될까요. 살 거유. 조만 간에요. 저한테는 중요한 일이거든요. 한번 앉아보게 해주세요. 그래서 앉아보니, 다리는 닿아요. 팔도 닿고. 문제는 몸무게 더군요. 어느 정도 몸무게가 나가야 오토바이를 이겨낼 수 있더 군요. 안전하게. 그래 뭐 좀. 마흔쯤 되면 찌지 않을까. 배만 나오더라도. 그거 타고 세계 일주하고 싶어요. 괜찮겠죠. 그러다 괜찮은 유럽의 아가씨 있으면 뒤에 태우고, 머리 빡빡 깎고, 금 물 막 들여가지고. 가죽바지 입고, 체인 막 감고. 나이 40에 그러 면 재미있을 것 같아요."

유머가 섞인 김광석의 이 말이 가슴에 남는 것은 여행이라는 단어가 주는 느낌 때문이다. 100만 세대에게는 제법 여행가들이 많다. 《여행의 기술》을 통해 우리나라에도 적지 않은 팬을 가진 알랭 드 보통(Alain de Botton)은 1969년에 태어난 스위스의 작가 다. 그는 "행복을 찾는 일이 우리 삶을 지배한다면, 여행은 그 일 의 역동성을 그 열의에서부터 역설에 이르기까지 그 어떤 활동 보다 풍부하게 드러내준다"라고 말하는 여행 예찬주의자다.

한국에서 알랭 드 보통과 비슷한 역할을 하는 작가 김영하도 여행에 관해서 비슷한 생각을 갖고 있다. 1968년생인 그는 《여행 의 이유》에서 비자를 받지 않은 상태로 도착한 중국 상하이 푸동 공항에서 추방당하는 에피소드부터 시작해 자신이 생각하는 여행의 단상을 다양하게 펼쳐냈다.

여행에 관해서 빠지지 않는 사람은 고미숙 작가다. 고전평론
가라는 독특한 직업 세계를 구축한 고 작가는 여행 문학 마니아
이기도 하다. 고 작가는 《고미숙의 로드클래식, 길 위에서 길 찾
기》를 통해, 《열하일기》, 《서유기》, 《돈키호테》, 《그리스인 조르
바》, 《걸리버 여행기》 등 길을 통해서 완성된 문학의 숭고한 가
치를 말한다.

그리고 그 길을 처음 인도한 사람이 필자라는 것에 자부심을
갖고 있다. 2004년 서울과 베이징에 여행사를 만들고, 처음으로
꾸민 상품이 '고미숙과 떠나는 열하기행'이었다. 당시 고 작가는
《열하일기, 웃음과 역설의 유쾌한 시공간》을 통해 '가벼운 인문
학적 글쓰기'의 스타 작가로 떠오르고 있었는데, 필자가 그 현장
을 같이 가보자고 제안을 하니 흔쾌히 응했다. 그래서 우리는 열
하일기의 주요 무대였던 산하이관(산해관)에서 베이징, 청더(승덕)
로 가는 여행을 같이했다. 이후에는 따로 고 작가와 이 길을 가
기 원하는 이들이 있어서 같이 가기도 했다.

고 작가가 길을 좋아하는 이유 가운데 하나는 알랭 드 보통이
말한 "움직이는 비행기나 기차, 배보다 내적인 대화를 쉽게 이끌

어 내는 장소는 찾기 힘들다"는 생각에 공감하기 때문인지 모른다. 나 역시 2주일 정도만 떠나지 못하면 온몸이 근질거린다. 회사에서 명분을 만들어서라도 출장을 가야 시원해진다. '역마살'이라고 밖에 말할 수 없는 내 여행 벽은 어릴 때부터 만들어진 것이다.

내가 먼 여행을 처음 떠난 것은 초등학교 때 광주에서 고등학교에 다니던 누나 집으로 놀러 다니던 것과 무등산 산장에서 음식점을 하던 작은 집을 찾는 것이다. 처음에는 누나들을 따라갔지만 초등학교 2학년부터는 혼자 버스를 타고, 광주를 다녔다. 영광을 거쳐, 옛날 광주 버스터미널로 갔다. 옛날 버스터미널에서 18번을 타면 무등산 산장까지 직접 버스가 다녔다. 초등학교 4학년쯤부터는 어린이 대공원 등도 혼자 찾아다녔다.

대학교 2학년 때 조정래 작가의 《태백산맥》을 읽고 문학기행을 다녀온 후에는 매년 한 번씩은 지리산 종주를 했다. 노고단에서 천왕봉에 이르는 길을 대부분 혼자 다니면서 나 자신을 돌아보곤 했다. 여행은 외롭고 고단하지만 나를 더 잘 볼 수 있게 하는 소중한 계기였다.

중국에 있을 때도 다양한 동기로 중국 전역을 여행했다. 우선 중국에 가서 처음 쓰려던 책이 대장정에 관한 책이었다. 1934년

장제스가 이끄는 국민당군이 루이진, 징강산 등에 거점을 둔 강서 소비에트를 공격하기 시작한다. 4차까지는 버티지만 10월 5차 공격을 앞두고, 홍군은 긴 이동을 시작한다. 루이진을 출발한 홍군은 구이린, 구이양, 윈난, 쓰촨, 깐수를 거쳐서 샨시성 옌안까지 2만5천 리의 여정을 걸었다. 나는 시간 전체 여정을 가기는 힘들지만, 차례대로 가자는 생각으로 첫 겨울에 징강산, 루이진, 구이린을 비롯해 윈난 장강제일만, 준이 등을 답사했다.

이후 여러 차례에 걸쳐서 대부분의 지역을 답사했다. 이뿐만 아니라 삼국지 답사, 중국 철학기행 등을 계기로 중국 전역을 다녔다. 별다른 돈이 되지 않아도 다녔다. 내가 만나서 보고, 기록한 것이 우리의 중국 이해에 도움이 된다는 것이다.

그런데 그 길에서 가장 반가운 것은 내가 처음이 아니라는 것이다. 중국 전역에서 활동하던 앞선 여행자들이 있었다. 지금도 가기 힘든 중국 광저우에서 벌어진 1927년 광동꼬뮨에서 희생된 150명이 모셔진 광저우혁명열사능원의 '중조혈의기념정'이나 옌안에서 만났던 김산(본명 장지락)이나 타이항산에서 만난 윤세주, 양림(본명 김훈) 등 중국 어느 곳에도 우리 선배들의 피와 땀이 없는 곳이 없었다.

그런 여정은 결국 내가 가진 중국에 대한 다양한 생각의 깊이를 더 넓혀줬다. 100만 세대들도 가정을 꾸리고 오십에 가까이

가면서 여행에 대한 다양한 생각을 가질 것이다. 한때 캠핑 문화가 유행한 만큼 캠핑 마니아들도 적지 않을 것이다. 또 각종 여행동호회를 통해서 여행을 다니던 때가 있었던 만큼 그 시절에 향수를 가진 이들도 많다.

그런데 시간이 지날수록 여행에 대한 열정은 사라져가는 것이 일반적이다. 하지만 여행에 대한 열정이 사라지는 만큼 사람은 늙어간다고 보는 게 맞다. 또 여행 유전자를 아이들에게 자연스럽게 전파하는 것도 의미가 있다.

06

미래를 스스로 개척하자

공무원을 그만두었을 때도 그렇고, 얼마 전 임원을 그만두었을 때도 그렇게 나는 도통 변화가 없다. 당장 다음 달 생활비를 가져다줄 수 없어 불안한 아내는 볼멘소리로 말한다.

"도대체 당신은 무슨 빽이 있어서 그렇게 자존감이 높은 거야?"

물론 내가 할 수 있는 말은 없다.

"당신 같은 마누라를 두었으니 자존감이 이렇게 높지. 내가 뭘 하든 믿어주잖아!"

결국 아내는 할 말이 없어 웃고 만다. 사실 회사를 나올 때는 별 아쉬움이 없었다. 당장 회사에서 내가 성과를 만들어낼 수 있는 상황이 아니었기 때문이다. 하지만 코로나 19처럼 돌발 상황이 벌어지고 아무것도 할 수 없는 상황에 봉착하면서 조금 난감하기도 하다. 특히 예정되어 있던 강연 등도 하나둘씩 취소되면서 결국 할 수 있는 일이라고는 글 쓰는 것 밖에 남지 않았다. 물론 덕분에 의도했던 3권의 책 작업을 하나하나씩 해가니, 별 걱정은 하지 않는다. 하지만 필자도 사람들 속에서 뛰고, 호흡하고 싶은 마음이 간절하다.

이런 상황과 무관하게 필자와 통화하는 사람들은 나에 대해서 걱정을 하지 않는다. 페이스북을 통해 내 소식을 대부분 알기 때문에 걱정할 법도 싶지만, 그런데도 나에 대해 걱정하지 않는 것은 나라는 사람이 직장을 그만뒀다고 해도 굶지는 않을 거라는 믿음이 있기 때문이다.

실제로 확실한 수익처는 많지 않지만 나는 직장 생활을 할 때보다 더 바쁘다. 직장에 다닐 때는 맡은 한 지역에 투자유치를 위해 노력했지만, 내가 직장을 그만둔다고 하니 많은 이들이 자기의 프로젝트를 유치해 달라고 요청한다. 내가 전 직장에서 맡았던 프로젝트보다 훨씬 구체적이고, 투자 가능성도 높은 프로젝트다. 물론 기존 직장의 프로젝트 역시 에이전시 역할을 맡기로 했기 때문에 유치할 수도 있다.

또 내가 가진 중국 네트워크를 아는 이들이 많기 때문에 화장품의 중국 수출 개척 등 다양한 요청이 있다. 반대로 나의 중국 네트워크에서도 나에게 요청하는 것이 있는 만큼 자연스럽게 두 가지가 겹치는 경우가 있다.

가령 한국에 있는 지인들은 중국에 자신들의 상품을 팔 수 있는 판매망을 만들어 달라고 요청한다. 그런데 10여 년 동안 교류해온 믿을 만한 중국 친구가 중국에 진출하지 않은 믿을만한 회사가 있는지를 물어온다. 자연스럽게 양측을 만나게 할 수 있다.

이렇게 지인들이 요청해서 관여하는 프로젝트도 있지만 나 스스로 개척하는 프로젝트도 있다. 나는 한국 농산물이나 수산물이 향후 중국 하이엔드 층을 대상으로 중요한 수출 프로젝트가 될 수 있다는 확신이 있다. 나는 이런 가치를 관련자들을 만날 때마다 역설하고, 각종 기고를 통해서도 이야기한다. 농수산식품유통공사 본사 특강에서도 나는 "당신들이야말로 한국미래 먹거리를 책임질 수 있는 공기업"이라고 역설했다.

실제로 관계자들을 데리고, 중국 따리엔을 방문해 중국 농수산물의 물가가 한국에 근접했다는 것을 보여주기도 했다. 앞서 귀농귀촌에서 이야기했던 우리 농수산물이나 약재의 중국 시장 개척은 무한한 잠재력을 갖고 있다.

이런 일은 한 개인이 할 수 있는 일은 아니다. 가능하다면 청와대 농어업비서관부터, 농림부, 농어촌공사, 농수산식품유통 공사, 산림조합중앙회 등 관련 단체들의 핵심관계자들이 기획해 진행해야 한다. 물론 관심 있는 지자체나 농업기술실용화재단 등 싱크탱크 등도 나서서 같이할 필요가 있다.

　필자의 인생에서도 다소 안타까운 기회가 있었다. 2010년 11월 공직에 입문하기 전이었다. 2010년 여름 나는 당시 중국인을 대상으로 한 '한국 미용 체험' 프로그램을 기획했다. 먼저 서울에서 가장 유명한 성형외과, 피부과, 치과, 안과 등을 섭외했다. 이후 중국에서는 나도 많이 이용하던 쉐청이라는 자유여행 회사를 섭외했다. 그 회사의 한국 여행 코너에 한국 성형 체험을 넣으면, 한 사람당 수수료를 주고, 성과에 따른 급여도 나눈다는 계획이었다. 베이징 사무소에서 관계자를 만나서 협의도 잘 마쳤다. 또 당시 중국 공항과 기내지에 가장 많이 실리는 럭셔리 잡지와도 관련 사업을 협의했다.

　그런데 이 사업을 기획하던 얼마 후 공직에 합격했다. 기획이 안타까웠지만 접고, 공직 생활을 시작했다. 당시만 해도 한국 성형 관광이 활성화되기 전이었다. 얼마 후부터 이 시장은 엄청나게 성장했다. 내가 같이 사업을 기획했던 '쉐청'은 지금도 한국을 찾는 자유여행객의 50% 이상이 항공권과 호텔을 예약하는 사이트가 됐고, 지금은 로밍 등 여행자를 위한 모든 서비스가 가능한 회사가 됐다.

만약 그때 공직에 가지 않고 그 사업을 계속했다면 어떻게 됐을까를 상상한다. 한중 성형 관광의 중심을 내가 잡고 갈 수 있을지도 않을까 생각한다. 물론 그렇다면 좀 더 공정하고, 책임감 있는 플랫폼을 만들었을 것이다. 지금도 내 컴퓨터에는 당시 기획했던 사업 폴더가 그대로 저장되어 있다. 물론 그때 일을 시작해 어느 정도 성공했다고 해서 탄탄한 미래가 보장된 것은 아니다.

지난 2016년 8월 결정하고, 2017년 2월 말 배치가 결정된 사드로 인해 한중 관계는 이후 3년간 최악의 상황이 됐다. 당연히 좋은 흐름만 보고, 이 분야에 투자한 회사 가운데도 위기에 빠진 곳들이 많다. 나 역시 그런 길을 가지 않으리라는 보장은 없다.

자기가 위치한 곳이 어디든지 중국을 터전으로 살아온 사람들에게 지난 3년은 악몽이었다. 3년 큰 가뭄이 지나간 만큼 어떤 씨앗을 뿌렸든 새싹이 돋은 것은 없었다. 다행히 반도체라는 거목은 뿌리가 깊어 큰 영향은 받지 않지만, 다른 분야는 적지 않은 타격을 받아야 했다.

이런 상황에서 본격적으로 시작된 미·중 간 패권 전쟁은 한국에게는 오히려 기회가 됐다. 중국이 대부분의 영역에서 완전한 상태로 오르기 전에 미국의 맹공이 시작되자, 이곳저곳에서 적지 않은 곤경이 시작됐다. 물론 이미 거대한 시장으로 성장한 중국이기에 미국으로 인한 피해는 한정적이었지만, 국제사회에서 중국을 고립시키려는 만큼 대처가 쉽지 않은 상황이다.

더군다나 중국은 가장 가까운 한국을 우호적인 국가로 두는 상황이 됐다. 사드에 대한 입장은 바뀌지 않았지만, 그 문제는 뒤로하고 한국과의 관계를 회복하는 게 유리하다는 판단이 선 것으로 보인다.

당연히 한국으로서는 할 수 있는 일들이 늘어날 전망이다. 또 관광이나 무역 등도 다시 어느 정도 회복될 가능성이 생겼다. 물론 코로나 19 사태는 기존 패러다임을 바꾸는 일대 사건이다. 하지만 이 상황에서 한국은 중국과 다른 새로운 형태의 대처 방식을 보여줬다. 중국으로서는 한국과 같이하면 기존의 시장을 넓힐 수 있다는 기대를 가질 수 있게 됐다.

07

자기 브랜드를 만들어라

6년 전에 만난 한 권의 책이 필자의 노년에 대한 생각을 완전히 바꾸게 했다. 바로 김욱 작가가 쓴 《폭주 노년》이라는 책이다. '미안하다, 나는 철없이 사는 게 좋다'는 부제를 가진 이 책의 저자는 돌아가신 내 아버지보다 연세가 훨씬 많은 분이다. 1930년 생으로 올해 90살인데, 그의 생애 이야기를 읽으면서 나는 나이에 대한 우리의 인식이 얼마나 협소한지를 깨닫게 됐다.

주인공은 중앙 일간지에서 30년 동안 기자 생활을 하고, 10년 동안 전문직으로 일한 김욱 작가다. 퇴직 후 글을 써보겠다는 마음에 교외에 전원주택을 샀던, 그는 여동생에게 투자해 전 재산을 날리고 빈털터리가 된다. 일흔을 얼마 남기지 않은 해였다. 집조차 경매로 날리고, 처음으로 자살이라는 것을 생각했다고 한다. 그런데 그는 거기서 무너지지 않고, 다른 자신을 만난다. 번역가로서의 삶을 시작한 것이다. 그리고 교회에 다니지만, 공짜로 살 수 있다는 말에 한 집안의 제각(祭閣)에 딸린 건물로 거처를 옮긴다.

이후 하루에 70~80장씩 번역하는 억척으로 3년 만에 임대아파트의 보증금을 마련하고, 도시로 돌아온다. 지금까지 200권이 넘는 책을 번역했고, 2019년 9월에 출간한 《취미로 직업을 삼다》 등 대여섯 권의 단독 저서도 있다. 그는 자신의 변화가 그저 우연이 아니라 일흔이 넘은 나이에 묘막 집에 얹혀살며 죽은 자와 더불어 죽기 살기로 좌충우돌 세상과 맞서 싸운 전리품이라고 한다. 스스로 백 살까지 살아야 하고, 95살까지는 글을 써야 한다고 말한다.

비단 김욱 작가만은 아니다. 실제로 괴테(J.W. Goethe)가 《파우스트》의 마지막 문장을 쓴 시기는 여든둘이었고, 세르반테스(M. de Cervantes)가 《돈키호테》를 발표한 것도 우리 나이로는 환갑에 가까운 나이였다. 우리나라에도 이병주나 김훈처럼 느지막한 나이에 열정을 발휘해 작가의 세계로 들어선 이들이 많다.

중요한 것은 자신에 대한 믿음을 잃지 않는 것이다. 2019년 말에 한국을 달군 사람 중의 한명이 가수 양준일이다. 1969년생으로 100만 세대의 앞에 있는 그는 1991년 22살의 나이에 '리베카'를 발표해 주목을 받는다. 당시 한국에 전파되지 않은 뉴잭스윙을 소화해 만든 그의 음악은 물론이고, 당시로써는 파격적인 의상과 안무를 선보였다. 하지만 미국계 한국인인 그에 대한 선입견과 편견은 혹독했다.

결국 그는 미국으로 돌아가서 음식점 서빙으로 생활하고 있었다. 그런데 최근 JTBC 〈슈가맨〉에 출연하고, 유튜브에서 그의 음악들이 다시 주목받으면서 새로운 문화 아이콘으로 부각하고 있다. 양준일은 여전한 춤과 인상적인 무대 매너로 사람들의 기억 속에 다시 떠올랐다. 그는 과거의 자신에게 어떤 말을 해주고 싶으냐는 물음에 이렇게 말한다.

"하지만 걱정하지 마. 모든 것은 완벽하게 이루어지게 될 수밖에 없어!"

그에게는 언젠가 세상이 자신을 알아줄 것이라는 믿음이 있었다.

반면에 김욱 작가는 안정적인 삶을 살다가 노년이 돼서도 그 향수에 젖어서 바뀌지 않은 사람들의 문제를 말한다. 한때 그의 이웃이었던 분도 마찬가지다. 교장으로 정년퇴임하고, 여전히 그 직위인 것처럼 선생님들과 관계를 유지하려는 그의 이웃은 경제적으로 충분히 풍족하지만, 활력을 잃어가는 모습을 보여준다. 결국 살아가게 하는 열정을 만드는 일이 없다면, 활력을 잃고, 스스로 죽음을 기다리는 꼴이 될 수 있다는 것을 말해준다.

그럼 이 세상에서 좌절하지 않고, 자신을 만들어 가기 위해서 필요한 것은 무엇일까. 필자가 가장 중시하는 것은 '자신의 브랜드'를 만들어야 한다는 것이다. 과거라면 이런 일이 쉽지 않겠지만, 이제는 이동전화 등 첨단기술의 발달로 전혀 힘들지 않은 문제가 됐다.

가장 좋은 수단은 페이스북 같은 SNS다. 필자의 페친들은 고향 친구, 동창 등도 있지만 대부분은 내가 사회에서 만났고, 좋은 관계를 형성하고 있는 이들이다. 언론인, 중국 전문가, 내가 참여한 커뮤니티 관계자, 학계 분들이 많다. 공무원도 많은데, 직업적 특성상 공무원들은 그다지 교류를 하지 못한다. 내가 페이스북에 올리는 내용은 특정한 것들이다.

우선 필자가 각종 매체에 기고하는 내용들을 링크하는 것이다. 두 번째는 내가 외부 강연을 하는 등 대외 활동이다. 다음은 내가 여행이나 출장을 하면서 느끼는 짧은 생각을 정리한 것들이다. 물론 이렇게 올리는 내용은 내 인간관계를 보여주고, 내가 하는 일과 페친들이 하는 비즈니스의 접점이 있을 수 있는가를 보여주기 위해서다. 페이스북은 매체의 특성상 자기 자랑하

는 공간이라고 할 수 있다. 사진 한 장으로 생활을 보여주는 인
스타그램보다는 확장성이 낮지만, 묵직하게 자신이 무엇을 하고
있는지 지인들에게 보여주고, 자신과의 접점이 있으면 연락해도
좋다는 신호를 던지는 것이다.

중국 친구들과는 위챗의 모멘트라는 게시 공간을 통해 내 활동
을 보여준다. 위챗으로 연결된 중국 관련 지인들에게 나를 보여

필자의 페이스북 메인 화면은 그간 출간한 책으로 하고 있다. 실시간으로 내 활
동을 소개해 지인들은 오랜만에 나를 만나도 낯설어하지 않는다. 또 다양한 인
간관계나 업무의 링크도 가능하다.

주는 일이다. 다만 페이스북 중심이다 보니, 위챗의 관리는 소홀한 편이다. 상대적으로 다시 대중 관계가 활발해지면, 위챗 모멘트로 비중이 옮겨갈 수도 있다.

이런 필자의 활동 목적은 이 시대에는 스스로가 브랜드를 만들지 않으면 살기 힘들다는 생각이 있기 때문이다. 필자는《노마드 라이프》등 저서에서 앞으로는 특정한 일자리보다는 일자리를 움직이는 프리랜서, 즉 '잡 노마드'의 시대가 온다고 주장해왔다. 그래서 수많은 프리랜서 가운데 자신을 드러내는 것은 사활이 걸린 일이라고 할 수 있다. 다행히 이 시대는 페이스북 같은 다양한 SNS가 있어서 그런 일들을 부담 없이 할 수 있다.

물론 용기와 시간이 있다면 수익으로도 연결되는 유튜브를 적극적으로 활용해볼 필요가 있다. 나 역시 이십 대 후반부터 북저널리스트로 살아온 만큼 관련 유튜브를 제작할 수 있는데, 아직은 용기를 내지 못했다.

이제 출판 시장에서도 유튜브의 힘을 무시할 수 없다. 이들을 '유튜버 셀러(유튜버 베스트셀러)'라고 부르는데, '김미경 TV', '라이프 해커 자청' 등이 대표적이다. 2019년 '김미경 TV'에서 소개된《내가 확실히 아는 것들》,《포노 사피엔스》,《직장이 없는 시대가 온다》등의 책들은 방송일 직후 일주일간의 판매량이 직전 동기와 비교했을 때 475%에서 최대 5,360%까지 증가했다고 밝히

고 있다.

　요즘 중국에 출장을 다닐 때 들고 다니는 것 가운데 하나가 2019년 9월에 필자를 소개한 〈진치아오(金橋)〉라는 잡지의 몇 장이다. '조창완: 한중간 다리를 놓은 이 시대 유목민(曹暢完 : 搭建中韓间桥梁的"游牧民)'이라는 제목으로 4페이지에 걸쳐 나를 소개한 이 잡지만큼, 중국인들에게 나를 잘 대변해줄 수 있는 방식이 많지 않기 때문이다. 이 기사는 그간 내가 중국 전문가로서 해온 일과 내가 생각하는 한중 관계의 바른 발전 방향에 대한 전반을

2019년 9월 중국 선전부가 발행하는 〈진치아오〉에 소개된 필자. 한중간 다리를 놓은 역할을 하고자 하는 필자의 생각을 잘 정리해준 기사다.

다루고 있다.

이 잡지 보도 때문은 아니지만 2019년 12월 3일에 있었던 '2019 한국·중국 산동성 문화의 해' 폐막식에서 필자가 20여 분 동안 산동성을 소개하는 강연을 했다. 산동성은 인구가 1억 명이고, GDP가 한국의 4분의 3에 달하는 거대한 성이다. 성장 속도를 감안하면 5년 뒤에는 한국 경제 규모를 넘을 가능성이 많다. 한국과는 비행거리가 한 시간인 웨이하이를 비롯해 가장 가까운 위치에 있다. 특히 중국 정부가 앞으로 한국과의 경제 교류나 문화 교류는 산동성을 우선으로 하라는 경향이 강하기 때문에 더욱 중요한 곳이다.

이런 방식을 통해서 우리나라는 물론이고 중국에도 자신이 가진 브랜드 가치를 만들어야 나중에 일을 시작할 때 더 탄력을 받을 수 있다.

08

서비스 마인드를 배워라

"앞으로 머리 쓰는 일은 인공지능이 할 것이고, 힘쓰는 일은 로봇이 할 것이다. 사람은 결국 '사람을 케어하는 분야'에서 역할을 찾아야 한다."

필자가 고3이 된 아들에게 가끔 해주는 말이다. 물론 사람이 하는 일이 이렇게 단순하게 정의되지 않을 것이다. 하지만 확실한 것은 사람들이 하는 일 가운데 사람을 만나서 감정을 나누는 일이 더 중요해진다는 것이다. 그런데 그 과정에서 가장 기초적으로 갖추어야 할 소양이 있다.

우선 교사나 군인, 공무원들처럼 자신의 권위를 통해 일하던 사람들이 음식점처럼 상대의 비위를 맞추는 일을 할 수 있는가의 여부다. 스무 살이나 서른 살 정도라면 변화할 수 있지만, 이미 마흔 살, 쉰 살이 넘었다면 그런 일은 쉽지 않다. 흔히 인상이라고 말하는 것에도 그들의 직업이 나타나기 때문이다.

필자는 평소 여러 자리에서 '인상 좋다'는 말을 많이 듣는다. 나쁘지 않은 말이다. 그런데 그 말을 '내가 사람들을 상대할 수 있는 서비스업을 할 수 있겠구나' 정도로 흘려듣는다. 고집 세기로 유명한 직종 가운데 하나가 바로 기자다. 글을 쓰고, 자신이 쓴 글의 토씨 하나도 고치지 못하게 하는 이들이 적지 않다. 물론 자신의 글을 만들기 위해 엄청나게 고민하고, 글을 쓰는 시간이 긴 이들이 특히 심하다.

반면에 나는 내 글을 다른 이들이 손보는 것에 그다지 고민하지 않는다. 충분히 능력이 있는 편집자라면 글에 관여할 수 있다고 생각한다. 결국 대부분의 순간에 나를 고집하기 보다는 수용하고, 받아들이는 것에 익숙해져 있다. 아마도 내가 '인상 좋다'는 말을 듣는 이유는 이런 데서 연원 됐을 것이다.

향후 100만 세대가 할 수 있는 일의 상당수는 사람들을 대면하는 일에서 나올 확률이 많다. 물론 전문지식을 발휘하면서 남들이 범접하지 못할 일이라면 남들의 눈치를 볼 필요가 없다. 하지만 사람을 만나고, 새로운 공동체를 만나고, 새로운 마케팅을 한다면 그 사람이 남들에게 좋은 인상을 보이느냐는 중요한 요소다.

하지만 억지로 좋은 인상을 보이는 일은 쉽지 않다. 또 링컨이 말하듯 나이가 마흔이면 자기의 인상에 책임지라 할 정도로 얼굴이나 태도는 굳어있기 마련이다.

얼마 전 필자는 중국 윈난성 후타오샤에서 만난 유학생들에게 이런 말을 한 적이 있다.

"학생들에게 무엇보다 중요한 것은 중국을 긍정적으로 보려는 마음가짐입니다. 중국 사람들은 역사적으로 수없이 정권이 바뀌는 속에서 살아나야 했습니다. 당장 근대만 해도 문화대혁명이나 대약진, 국공내전 등이 있습니다. 이때 상대를 잘못 판단하면 위기에 빠집니다. 그래서 상대를 볼 때, 자신에 호감이 있는지 없는지를 바로 압니다.

만약 우리가 만나는 중국 사람들에 부정적인 마음이 있다면 상대는 바로 당신의 마음을 알아차립니다. 이후에 아무리 잘하려 해도 쉽지 않습니다. 따라서 앞으로 중국과 무슨 일을 하겠다면 우선은 긍정적으로 상대를 바라보고, 호감 있게 행동하십시오. 그것이 가장 큰 기본입니다."

사실 이런 마음가짐은 중국인들과의 만남뿐이 아니다. 서비스나 마케팅에서 상대에게 진심을 다하는 모습은 매우 중요하다. 지난 2004년 여행사를 시작하고, 수많은 사람들을 데리고 여행을 진행했다. 개중에는 삼성의 부회장을 지낸 언론인 출신 명사도 있었고, 300여 명의 초중고생을 한꺼번에 인솔한 적도 있다. 그 과정에서 나는 단 한 번도 서비스 자세에서 부정적인 평가를 받은 적이 없다. 무엇보다 내가 그들을 대할 때 진심으로 더 좋은 여행을 만들고자 하는 마음이 있었기 때문이다.

특히 300여 명의 학생 캠프를 진행할 때는 학생도 있지만 30여 명의 유학생 스태프들을 통솔하면서 그들의 갈등과 애로사항을 파악하고 풀어내야 했다. 물론 여러 과정에서 다양한 문제가 발생한다. 어떤 해에는 학생이 옆 친구와 장난을 치다가 팔을 부러뜨리는 일도 있었다. 필자는 바로 부모님에게 전화를 해서 할 수 있는 조치를 모두 하겠다고 말했다. 다행히 부모님은 병원에 가서 문제가 없으면 그대로 진행하라고 말해서, 무사히 마지막까지 같이 한 일도 있다.

행사 스태프로 일하던 유학생 간에 불만이 쌓여서 폭발한 적도 있었다. 우리 회사 때문이 아니라 다양한 학교의 남녀 대학생들이 모여서 하다 보니 일어난 일이었다. 나는 그들과 토론을 통해 원만히 해결하고 잘 끝낸 적도 있다.

결국 이런 과정에서 가장 중요하게 여긴 것은 '그 일이 수익보다는 진정한 의미가 있다'는 나름대로의 판단이 있었기 때문에 가능했다고 생각한다.

그럼 이런 서비스 마인드는 어떻게 갖추어지는 것일까. 실제로 개인의 서비스 마인드는 순식간에 길러지는 것은 아니다. 한 번 상상해 보자. 주변에 항상 신경질적인 사람이 있다. 그런데 그 사람을 어느 날 친절한 사람으로 만드는 일을 시작해 본다고. 실제로 쉬운 일이 아닐 것이다.

그런데 이런 일도 단계가 있다. 우선은 자신은 물론이고 상대도 그 일을 하는 목적이 무엇인가를 본질적으로 깨닫게 하는 것이다. 대부분의 일은 이윤추구나 자아실현 등 다양한 목적이 있다. 그리고 그것을 이루기 위해서는 참여하는 사람들이 진심을 다해야만 성공적으로 마칠 수 있다. 평소에 신경질적인 사람이라고 할지라도 자신의 소명을 깨달으면 업무하는 순간에는 그런 성격을 드러내지 않을 것이다.

두 번째는 역지사지(易地思之)의 자세로, 입장 바꿔 생각하는 것이다. 가령 여행은 소비자의 입장에서 상당히 큰 비용을 지출하는 이벤트다. 문제는 노옵션, 노쇼핑을 전제로 한 인센티브 여행처럼 정당한 가격을 주고 온 것이 아니라, 여행사가 옵션이나 쇼핑을 통해 수익을 창출해야 하는 상황이 생기는 것이다. 여행사는 추가로 수익을 만들지 않으면 손해를 보는 경우도 있다. 그래서 중국에서 활동하는 동포 가이드들은 스스로가 '지킬 박사와 하이드'라는 자조 섞인 말을 했다.

실제로 한 단체를 받았는데, 손해를 본다면 감정이 상하지 않는 가이드는 없을 것이다. 여행을 떠난 후 가이드들이 이런 모습을 보인다면 그것은 앞서 말한 것처럼 서비스를 하고도 손해를 보는 상황일 경우가 많다. 반대로 단체 여행객 가운데는 쇼핑센터의 문제를 지적하면서 공동 불매를 주동하는 이들이 있다. 이런 상황에서 올바른 해법은 상대방의 입장이 되어보는 역지사지를 되새기는 것이다. 생활에 있어서 이런 자세를 갖고 있으면, 자신이 서비스를 하는 입장이든, 서비스를 받는 입장이든 갈등은 생기지 않을 것이다.

세 번째는 이전의 자신을 잘 버리고, 새로운 일에 자신을 맞추는 일이다. 오십이 넘고, 인생 2모작을 준비하면서 가장 좋은 것은 자신이 가진 전문 분야를 계속 살리는 것이다. 그런데 그런 일자리가 많지 않다. 적당한 연금이 나오는 상황이라면 무리하게 돈을 번다는 생각보다는 봉사하는 마음으로 일을 찾는 게 좋다. 지자체에서 문화해설사로 일하는 분들 가운데는 이런 분들이 많다. 그 지역의 다양한 이야기를 잘 정리하고, 그곳을 방문하는 이들에게 친절히 소개하는 일은 자부심을 가질 수 있고, 일정한 보수도 받을 수 있다.

필자가 아는 선배들 가운데는 인생 후반에 요양 보호사나 복지 관련 일을 찾는 이들이 많다. 이런 일도 당연히 자신을 낮추는 것에서 시작한다. 공무원, 교사, 군인 등이 새로운 전직에서 어려움을 갖는 것도 자신을 낮추어본 경험이 많지 않기 때문이다. 새로운 삶은 새로운 마인드 없이는 열 수 없다. 무엇보다도 가장 중요한 열쇠는 자신을 낮추고, 서비스 마인드를 장착하는 일이라고 할 수 있다.

신중년이 온다

필자가 마흔 살을 넘으면서부터 가장 중요시하는 단어는 바로 '통찰력'이다. 사물이나 현상을 꿰뚫어 보는 능력을 뜻하는데 한자로는 '洞察力', 영어로는 'Insight'다.

이 통찰력을 대표하는 인물은 《삼국지연의(三國志演義)》에 나오는 제갈량이다. 소설로 인해 더욱 전설화된 인물로 실제 역사에는 그다지 주목받지 않는다. 나는 제갈량의 고향인 랑야(琅琊), 양도(阳都, 지금의 山东 沂南)나 활동지인 롱중(隆中)을 비롯해서 그를 부각시킨 적벽대전의 배풍대, '유비탁고'가 있었던 바이티청(白帝城), 최후를 맞은 우장위앤(五丈原), 묘가 있는 징쥔산(定军山) 등 대부분 지역을 답사했다.

제갈량의 통찰력을 말하는 대표적인 단어는 아마 '천하삼분지계(天下三分之計)'일 것이다. 그는 삼고초려(三顧草廬)로 자신을 기용한 유비에게 이 전략을 내놓는다. 당시에 힘이랄 것도 없는 유비를 조조, 손권과 더불어 세 축의 하나로 만들겠다는 원대한 포부를 짤 수 있었다. 그런 제갈량의 머리에는 당시 세상을 읽을 수 있는 큰 통찰력이 있었기 때문이다. 실제로 그는 적벽대전 등을 통해 힘의 균형을 맞추고, 익주를 차지해 촉나라를 건국할 기초를 세운다.

100만 세대인 우리도 살아가면서 그런 꿈을 꿀 수 있다. 즉 자기 스스로 제갈량이 되어 세상의 흐름을 주재해보는 일 말이다. 실제로 그런 일은 극히 소수에게 주어진 일이다. 하지만 자신의 인생을 놓고도 그런 통찰력이 필요하다. 세상의 크고 작은 변화를 예측하고, 그 속에 자신을 어떻게 둘 것인가를 정하는 일이 바로 그런 일이다.

다만 과거와 확연하게 다른 것이 있다. 과거에는 미래가 어느 정도 예측이 가능했다. 할아버지가 농사를 지으면, 아버지도 농사를 짓고, 뒤이어 손자도 대부분 농사를 지었다. 그러나 지금은 그럴 확률은 거의 없다. 4차 산업혁명으로 세상의 기반이 바뀌고 있고, 미중 갈등은 두 나라만의 문제가 아니라 우리의 개인 생활에도 영향을 준다. 따라서 자신의 삶을 설계할 때도 이런 배경을 알지 못하면 위험이 따르기 마련이다.

그런데 미래를 예측하기에는 더욱 복잡해진 양상이다. 미국의 트럼프 대통령이 당선되고, 중국과 헤게모니(Hegemony) 쟁탈전이 벌어지고 있다. 또한 중국에서 발생한 신종 바이러스인 코로나19로 한국을 비롯해 일본, 이탈리아 등 전 세계가 혼돈에 빠져 세계보건기구(WHO)는 '팬데믹(Pandemic, 전염병 대유행)'을 선언했다. 게다가 지구는 온난화 문제가 점점 악화되어 언제 어떻게 변할지 갈피를 잡지 못 잡고 있다.

그런데다가 이런 거시적인 문제에 못지않게 개개인의 삶도 복잡해졌다. 이 책에서 이야기한 '100만 세대'는 세상을 살아온 지 이제 50년쯤 됐다. 불과 40년 전만 해도 나이 오십에 죽으면 조금 섭섭할 뿐, 아주 안타까워하지 않았다. 하지만 인간의 평균 수명이 늘어나 앞으로 30년을 더 살 가능성이 높고, 자식이나 손자의 삶도 지켜보는 입장이 된다.

이런 상황에서 스스로 삶을 대면하는 가장 중요한 것은 무엇일까? 아마도 통찰력 있게 세상을 읽고, 자신이나 가족들의 미래를 준비하는 것이라 생각한다. 확실한 것은 앞으로 우리 삶이 이전에 비해 예측하기가 쉽지 않을 것이다. 영화 〈터미네이터〉에서처럼 기계와의 전쟁은 아니라 할지라도 온난화로 인한 재앙, 치명적인 바이러스에 의한 혼란, 빈부격차로 인한 계층 문제, 국가 간 헤게모니 쟁탈전도 피할 수 없을 것이다. 이런 시기가 올수록 중견 세대인 '100만 세대'들의 역할이 중요하다.

이번 책은 그런 문제에 대한 고민이 필요하다는 의제를 던지기 위해 썼다. 당장 우리 앞에 닥치는 불안한 요소를 좀 더 냉철하게 고민하고 답을 찾기 위함이다.

필자가 '위기'라는 말을 썼지만, 사실 우리 역사에서 100만 세대만큼 평화로운 세대도 없었다. 한국전쟁의 기운이 거의 사라졌을 때 태어났고, 6월 항쟁이 거의 끝나갈 무렵에 대학에 들어갔다. 물론 곤란한 부분도 있었지만, 가장 평온한 시대를 산 세대기도 하다. 즉 '가장 평화를 잘 아는 세대'라는 뜻이다. 그 좋은 흐름을 더 연결하기 위해서는, 그 평화를 즐기는 방법을 알고, 각 세대 간 연결해야 한다.

다른 한편으로 짐 로저스가 '한국의 살길'이라고 한 통일에 대한 집단지성을 모을 수 있는 것도 100만 세대가 할 일 가운데 하나다. 부디 이 책이 그런 고민을 시작하는 계기가 되었으면 하는 바람이다.

이 책의 초고를 쓰고 친구 철민이에게 보냈다. 우리가 살아온 시대의 사진은 철민이가 더 많을 것 같으니, 공동 작업을 했으면 하는 바람이었다. 나는 이야기로, 철민이는 사진으로 우리 100만 세대의 이야기를 던져보고 싶었다.

철민이는 조심스럽게 거절했다. 이미 많은 부분이 채워졌는데, 필요 없이 숟가락을 얹는 느낌 같다는 이유였다. 나와 철민이는 1996년 즈음에 만났으니, 벌써 25년을 알고 지냈다. 만난 후 의기투합해 '사진과 글이 있는 풍경'이라는 공동 홈페이지를 만들고, 콘텐츠를 만들기 위해 같이 굿이나 축제를 취재하던 기억도 선하다. 동갑내기인 우리는 여러 가지 일을 경험했고, 인생의 가장 큰 고통을 겪어도 봤다.

철민이는 내가 쓴 '우리들의 이야기'를 읽으며 가장 공감한 글이 '100만 세대의 고독'이라고 말했다. 그러면서 책의 내용 가운데 하이엔드 층을 대상으로 한 약재나 식품 산업에 관해서는 정말 가능성이 있는지도 물어왔다. 물론 난 내 지식과 확신대로 이야기했다.

철민이의 이야기는 우리 100만 세대에게 가장 당면한 문제는 '고독과 미래에 대한 불안'이라는 것을 상징적으로도 말해준다. 그건 필자도 마찬가지다. 앞서 말했듯이 역마살이라고 하지만 길을 가는 것은 고독을 잊게 하는 가장 좋은 방편이기도 하기 때문이다.

길에는 나보다 먼저 살아간 수많은 사람들의 이야기가 있다. 개인적으로 중국 전역을 여행했다. 그런데 그곳에도 수많은 우리 선조들의 이야기가 있었다. 실크로드 사막에는 혜초나 고선지, 한락연 같은 분이 있다. 안후이성 황산이나 지우화산에 가면 신라 왕자 출신의 김교각 스님이 먼 시간을 두고 찾아온 후손들에게 삶이란 무엇인지를 말해준다.

필자는 특정 종교와 상관없이 그들의 삶 속 이야기 앞에 겸허하게 삼배하면서 내 부모님과 우리 부부, 내 아이의 평안을 요청한다. 물론 기복신앙이라고 할 수도 있지만, 나는 내 소원이 절대 부끄럽지 않다. 그만큼 나는 내가 작은 도움을 줄 수 있는 일에도 관심을 갖는다.

얼마 전 차 안에서 팟캐스트를 들으면서 아내와 나눈 이야기에도 그런 마음이 있다.

"좀 여유 되면 '열여덟 어른'*이라는 기부 프로그램에 참여하고 싶어."

"응. 내가 6개월 전부터 정기적으로 후원하고 있어."

"아, 그랬구나. 저 나이에 부모들의 도움 없이 사회에 나오면 정말 많이 힘들 거야."

"그렇겠지. 그래도 작은 정성들이 모여서 전해지면, 자신을 생각하는 사람이 있다는 걸 느낄 수 있을 거야."

---

* '열여덟 어른'은 참여연대가 18세에 고아원에서 나와 독립해야 하는 청소년을 후원하는 프로그램이다.

신중년이온다

새우와 고래가 함께 숨쉬는 바다

신중년이 온다
−100만 세대를 위한 인생 2모작 가이드

지은이 | 조창완
펴낸이 | 황인원
펴낸곳 | 도서출판 창해

신고번호 | 제2019−000317호

초판 1쇄 인쇄 | 2020년 04월 12일
초판 1쇄 발행 | 2020년 04월 20일

우편번호 | 04037
주소 | 서울특별시 마포구 양화로 59, 601호(서교동)
전화 | (02)322−3333(代)
팩스 | (02)333−5678
E-mail | changhaebook@daum.net / dachawon@daum.net

ISBN 978−89−7919−183−7 (03320)

값 · 16,000원

이 도서의 국립중앙도서관 출판예정도서목록(CIP)은 서지정보유통지원시스템 홈페이지
(http://seoji.nl.go.kr)와 국가자료종합목록 구축시스템(http://kolis-net.nl.go.kr)에서 이용
하실 수 있습니다.(CIP제어번호 : CIP2020012977)

Publishing Club Dachawon(多次元)
창해·다차원북스·나마스테